Nadine Graf
Tanja Graf
Erwin Graf

Vögel

Lernen an Stationen im Biologieunterricht

Auer Verlag

Gedruckt auf umweltbewusst gefertigtem, chlorfrei gebleichtem
und alterungsbeständigem Papier.

2. Auflage 2014
Nach den seit 2006 amtlich gültigen Regelungen der Rechtschreibung

Illustrationen: Steffen Jähde
Umschlagfoto: Fotolia
Satz: krauß-verlagsservice, Augsburg
Druck und Bindung: Kessler Druck + Medien, Bobingen
ISBN 978-3-403-**06785**-6

www.auer-verlag.de

Inhalt

Hinweise für die Lehrkraft: Unterrichtsziele – Schwerpunkte

„Man muss viel gelernt haben, um über das, was man nicht weiß, fragen zu können."

JEAN-JACQUES ROUSSEAU

Sachinformationen

Die *Vögel (Aves)*, von denen heute etwa 10 000 Arten bekannt sind, stellen einen später homoiothermen Zweig der Archosaurier dar; diese erreichten ihren Höhepunkt im Mesozoikum (Erdmittelalter mit Trias, Jura und Kreide; 70–220 Millionen Jahre vor heute) mit den Dinosauriern. Gegen Ende der Kreidezeit starben die meisten Stämme der Archosaurier aus; lediglich die Krokodile und die Vögel blieben erhalten. Während die im Jura einst arten- und formenreiche Gruppe der Krokodile nur mit einer kleinen Restgruppe überlebte (derzeit sind ca. 20 lebende Krokodilarten bekannt), erlangten die Vögel am Ende der Kreidezeit eine reiche Entfaltung.

Durch die neue Art des Fliegens eroberten sich die Vögel zahlreiche Lebensräume. Im Gegensatz zu anderen flugfähigen Tieren wie Insekten, Pterosauriern und Fledermäusen bestehen die Flügel der Vögel größtenteils aus Federn, die aus toten, verhornten Zellen bestehen und mit den Reptilschuppen homolog sind; die Federn bestehen aus dem Protein Keratin und bilden das Gefieder oder Federkleid der Vögel. In der Regel unterscheidet man folgende vier Federtypen: Schwungfeder (kräftige Federkiele, Fahne ungleich; fehlen bei Laufvögeln), Schwanzfeder (Fahne gleichmäßig, d. h. annähernd symmetrisch aufgebaut), Deckfeder (glatt, zur Wärmeregulation abspreizbar), Daunenfeder (Dune, Flaumfeder; klein, weich, pinselartig, nicht ineinander verhakt).

Die Farben der Vogelfedern sind auf die Einlagerung von Farbpigmenten oder auf Strukturfarben zurückzuführen, wobei letztere durch Interferenz bzw. unterschiedliche Lichtstreuung Farbeindrücke hervorrufen.

Vögel zeigen u. a. die folgenden Merkmale:

- relativ geringes Gewicht des Vogelkörpers;
- leichte Knochen (im Vergleich zu Säugetierknochen mit vielen Hohlräumen);
- stark ausgeprägte Flugmuskulatur (macht bei fliegenden Arten bis zu 50 % des Körpergewichts eines Vogels aus);
- kompakter, stoßfester Rumpf (beim Flug zwischen den Flügeln „aufgehängt");
- Beine genau unter dem Schwerpunkt des Rumpfes;
- großes Brustbein (Ansatz der Flugmuskulatur);
- getrennte Herzkammern (wie die Säugetiere), d. h. vollständige Trennung von arteriellem und venösem Kreislauf;
- homoiotherm (gleichwarm; wie Säugetiere);
- stark entwickeltes Groß- und Kleinhirn;
- hoch entwickelte Linsenaugen (in der Fovea centralis können bei Vögeln bis zu 1 Million Sehzellen pro mm^2 stehen; zum Vergleich: beim Menschen „nur" bis zu 150 000 Sehzellen/mm^2);
- meist zweikammeriger Magen (Drüsenmagen, Muskelmagen);
- großer Blinddarm (mit reicher Bakterienflora, die Vitamine und Cellulose abbauende Enzyme bildet);
- Kloake (gemeinsamer Ausgang von Darm und Geschlechtsorganen) mit Bursa Fabricii (Bürzeldrüse), die für die Immunabwehr von großer Bedeutung ist (Determinierung der Lymphocyten zu Antikörper bildenden Zellen);
- lange Luftröhre mit einem mit eigener Muskulatur versehenen Stimmorgan (Syrinx; fehlt beispielsweise bei Geiern, Straußen, Störchen);
- stark entwickeltes Lungen- und Luftsacksystem mit sehr effizienter Atmung;
- s-förmig gekrümmte Halswirbelsäule;
- hintere Schwanzwirbel zu dreieckigem Stück (Pygostyl) verwachsen; hier setzen die bewegbaren Schwanzfedern an;
- Klammersystem aus Gelenken, Sehnen und Muskeln an den Beinen (automatischer Zugriff beim Niederlassen auf einem Zweig; Zugriff kann im Schlaf nicht gelockert werden);
- Hand stark zurückgebildet (kurzer Daumen mit Daumenfittich; nur Finger 2 und 3 vorhanden) und zu einem Flügel umgebildet;
- legen Eier, die von einer Kalkschale umgeben sind.

Erstaunlich ist die Flugunfähigkeit verschiedener Vogelarten (z. B. Emus, Kasuare, Nandus, Strauße, Pinguine, Kormorane, Rallen, Kiwis etc.); sie ist allerdings keine Erscheinung der Neuzeit, gab es flugunfähige Vögel doch schon in der Kreidezeit.

Pädagogisch-didaktische Begründungen der Thematik „Vögel"

Die Thematik Vögel ist eine klassische, für die meisten Schüler sehr motivationskräftige Unterrichtseinheit in der Unterstufe (Klassenstufe 5–6) der verschiedenen weiterführenden Schularten aller Bundesländer, lassen sich doch bei dieser Lehr-Lern-Einheit wichtige biologische Prinzipien wie „Angepasstheit" und „Biodiversität" exemplarisch gut veranschaulichen und weitgehend selbstständig erschließen. Zudem gibt es nicht allzu viele Organismengruppen, die sich durch spezifische Anpassungen den Lebensraum Luft erschließen konnten.

Die Vögel sind eine Tiergruppe, die allen Schülern aufgrund ihrer Alltagserfahrungen gut bekannt ist – ob von zu Hause, aus dem Zoo oder der freien Natur. Im Winter sind Vögel im Garten bei der Futtersuche leicht zu beobachten und werden ggf. gefüttert, im Frühjahr können Vögel beim Nestbau gut beobachtet werden und im Sommer sind da und dort Jungvögel zu sehen, die sich im Fliegen üben. Viele Jugendliche gehen davon aus, dass Vögel aufgrund der Flügel und Federn fliegen können. Dass weitere Anpassungen der Vögel vorhanden sind, die ihnen das Fliegen ermöglichen, ist nur wenigen bewusst.

Aufgrund der Vielfalt der Vögel, die tagtäglich um uns sind, lassen sich ganz unterschiedliche Zugangsweisen realisieren, damit die Lernenden die Vögel als faszinierende Tiere erleben und erfahren können. Dies ist mit eine wesentliche Voraussetzung dafür, dass bei den Lernenden ethisch wünschenswerte Bildungsprozesse für nachhaltige Entwicklungen – gerade auch in der UN-Dekade „Bildung für nachhaltige Entwicklungen" (2005–2015) – gefördert werden und verantwortliches Handeln auch über den schulischen Unterricht hinaus aufgebaut bzw. weiter ausdifferenziert werden kann.

Im weiteren Biologieunterricht taucht der Themenbereich „Vögel" in höheren Klassenstufen (etwa beim Thema „Ökosysteme", „Evolution" und „Genetik") immer wieder auf, sodass schon in den Klassen 5/6 klare sachlich-fachliche Grundlagen unverzichtbar sind und gezielt grundgelegt werden müssen, ohne dass andere Unterrichtsziele, etwa im methodisch-strategischen und personalen Bereich, vernachlässigt werden dürfen.

Unterrichtsziele, Bildungsstandards und Kompetenzen

Die Unterrichtsziele der vorliegenden Stationenarbeit sind primär für die Klassenstufen 5 bis 7 konzipiert.

Zum Erreichen der entsprechenden Bildungsstandards und Kompetenzen sind folgende Ziele besonders hervorzuheben:

Die Jugendlichen sollen ...

- mindestens fünf typische Merkmale der Vögel nennen können (z. B. Federn, Vordergliedmaßen zu Flügeln umgewandelt, legen von einer Kalkschale umgebene Eier, zwei hoch entwickelte Linsenaugen, vollständig getrennte Herzkammern, leichte Knochen, kompakter Körper);
- mindestens fünf einheimische Vogelarten nennen und charakterisieren können;
- Versuche beschreiben können, die helfen, den Vogelflug besser zu verstehen;
- Stand-, Strich- und Zugvögel unterscheiden und die Begriffe erläutern können;
- begründen können, wie Vögel als Flugtiere angepasst sind;
- sich im zielorientierten, problemlösenden Experimentieren, sorgfältigen Protokollieren und systematischen Ableiten von Erkenntnissen üben können (methodisch-instrumentelle Zielsetzungen);
- lernen, innerhalb eines abgesteckten Rahmens und in angemessener Zeit bestimmte Aufgaben zu erledigen (personale Kompetenzen);
- weitgehend selbstständig das eigene Lernen am Thema „Vögel" organisieren und verantworten lernen (personale Kompetenzen);
- sich im sozialen Lernen üben und konstruktiv mit anderen zusammenarbeiten lernen (sozial-kommunikative Kompetenzen).

Die bei diesem Lernen an Stationen zu erwerbenden Kompetenzen liegen demnach sowohl im fachlich-sachlichen, instrumentell-methodischen, sozialkommunikativen als auch im personalen Bereich, wobei neben den fachlich-sachlichen (materialen) Kenntnissen auch formale Fähigkeiten, wie gezieltes Problemlösen, selbstständiges Experimentieren, die Fähigkeit zum vernetzenden Denken und ethisch verantwortlichen Handeln, eine besondere Rolle spielen.

Empfehlungen für die Planung und Durchführung

Vorbereitung

Zur Vorbereitung der Arbeit an Stationen sollten die Arbeits- und Informationsblätter kopiert und bei den betreffenden Stationen in der entsprechenden Stückzahl für die Schüler bereitgelegt werden. An den einzelnen Stationen sollten zudem die benötigten Materialien zur Verfügung stehen. Vorab ist mit der Klasse sinnvollerweise zu klären,

- in welchen **Gruppen** gearbeitet werden soll,
- wie viele Stationen insgesamt bzw. welche Stationen **Pflichtstationen** und welche/wie viele **Wahlstationen** vorgesehen sind,
- wie viel **Unterrichtszeit** insgesamt zur Verfügung steht,
- welche **Sicherheitsvorkehrungen** getroffen werden müssen.

Die Schüler sollten alle Arbeitsblätter, zusätzlichen Blätter für Lösungen sowie den Laufzettel und die „Hinweise für die Schülerinnen und Schüler" in einer Sammelmappe abheften. Ferner sollten sie vor Beginn der eigentlichen Stationenarbeit einen orientierenden Überblick über die Themenbereiche der einzelnen Stationen erhalten, damit auch ihren Interessen und Bedürfnissen Rechnung getragen werden kann. Um den Lernfortschritt der einzelnen Schüler während der Stationenarbeit feststellen zu können, erhalten sie vor Beginn der Arbeit an den Stationen den Vortest (s. Vorlage Seiten 10/11), den sie einzeln bearbeiten sollen und mit dessen Hilfe sie ihr Vorwissen zum Thema feststellen können. Der Vortest verbleibt bei dem jeweiligen Schüler und wird zunächst nicht korrigiert.

Am Ende der Stationenarbeit erhalten die Schüler den zum Vortest identischen Nachtest zur individuellen (bzw. je nach pädagogisch-didaktischer Intention ggf. gemeinsamen) Bearbeitung. Den bearbeiteten Nachtest können die Schüler evtl. selbst korrigieren, sofern ein Lösungsblatt (s. Vorlage Seiten 42/43) – ggf. kopiert als Overheadfolie – mit dem Erwartungshorizont für die verschiedenen Aufgaben zur Verfügung gestellt wird.

Die Arbeit an den Stationen

Je nach didaktischen Intentionen, zur Verfügung stehender Unterrichtszeit, Interessenlage der Klasse etc. kann sich die Arbeit an den Stationen über einen Zeitraum von zehn und mehr Unterrichtsstunden erstrecken. Bei dieser offenen Unterrichtsform kommen der Lehrperson insbesondere die Aufgaben eines Beobachters, Diagnostikers, Beraters, Anregers und Moderators zu; die Schüler sollten die zu bearbeitenden Aufgaben möglichst selbstständig lösen, sich selbst kontrollieren und auch lernen, mit Fehlern umzugehen.

Bei Bedarf können von der Lehrperson **neue Stationen** zum Themenbereich Vögel selbst ausgearbeitet werden; beispielhaft seien genannt: Vogel des Jahres, Stockente, Eichelhäher etc.

Abschluss

Am Ende der Arbeit an den Lernstationen sollte auf eine **Lernerfolgs- bzw. Ergebnissicherung** und gemeinsame Vergewisserung über die korrekten Ergebnisse an den einzelnen Stationen und Reflexion des Stationenlernens auf keinen Fall verzichtet werden. Hierzu bieten sich verschiedene Möglichkeiten an, von denen einige im Folgenden genannt werden:

- Jeweils eine Schülergruppe stellt die Ergebnisse einer bestimmten Lernstation vor (mittels Versuchen, Plakaten, Powerpoint-Präsentation etc.).
- Die Ergebnisse jeder Lernstation werden im **Klassengespräch** diskutiert und gemeinsam fixiert.
- Der **Erwartungshorizont** für jede Station liegt auf einem bestimmten Tisch im Klassenzimmer oder Fachraum aus, sodass die Schüler ihre Ergebnisse mit denen der Modelllösung vergleichen und die eigenen Lösungen ggf. korrigieren und komplettieren können.

Lösungen

Die Lösungen zu den einzelnen Stationen sind benutzerfreundlich in diesem Heft ab Seite 42 abgedruckt. Sie können beispielsweise als **Erwartungshorizont** der Lehrperson sowie zur **Schülerselbstkontrolle** eingesetzt werden. Liegen die Lösungen während der Stationenarbeit an zentraler Stelle im Klassen- oder Fachraum aus, kann das selbstständige, eigenverantwortliche, ziel- und prozessgerichtete Lernen der Jugendlichen gezielt gefördert werden.

Abschließender Hinweis

Wird die Thematik „Vögel" im klassischen Biologieunterricht ohne Berücksichtigung des Stationenlernens bearbeitet, so können die Kopiervorlagen gewinnbringend auch in den problem- und handlungsorientierten Unterricht integriert werden. Viele der im Heft enthaltenen Kopiervorlagen eignen sich auch sehr gut für Anwendungs- und Vertiefungsphasen, zur inneren Differenzierung (z. B. arbeitsgleiche oder arbeitsteilige Gruppenarbeit) und Individualisierung des Unterrichts, zur Förderung des selbstständigen Lernens und Präsentierens unter Nutzung der Jigsaw-Methode (Gruppenpuzzle) sowie u. a. auch als vor- oder nachbereitende Hausaufgaben bzw. selbstständige Vorbereitung der Lernenden auf Lernzielkontrollen.

Literaturempfehlungen

Gräber, W./Nentwig, P./Koballa, T./Evans, R. (Hrsg.): Scientific Literacy. Der Beitrag der Naturwissenschaften zur Allgemeinen Bildung. Opladen 2002 ◆ Graf, E. (Hrsg.): Biologiedidaktik. Donauwörth 2004 ◆ Hume, B.: Vögel in Europa. Starnberg 2002 ◆ Killermann, W./Hiering, P./Starosta, B.: Biologieunterricht heute. Donauwörth 2005 ◆ KMK (Hrsg.): Bildungsstandards im Fach Biologie für den Mittleren Bildungsabschluss. Beschluss vom 16.12.2004. München/Neuwied 2005 ◆ Nachtigall, W.: Warum die Vögel fliegen. Hamburg 1985 ◆ Rheinberg, F.: Intrinsische Motivation und Flow-Erleben. In: Heckhausen, J./Heckhausen, H. (Hrsg.): Motivation und Handeln. Berlin 2006 ◆ Singer, W.: Der Beobachter im Gehirn. Essays zur Hirnforschung. Frankfurt 2002 ◆ Spörhase-Eichmann, U./Ruppert, W. (Hrsg.): Biologiedidaktik – Praxishandbuch für die Sekundarstufe I und II. Berlin 2004 ◆ Storch, V./Welsch, U.: Kurzes Lehrbuch der Zoologie. 7. Aufl., Heidelberg – Berlin 2009 ◆ Stripf, R. (Hrsg.): Methoden-Handbuch Biologie, Band 1. Köln 2006 ◆ Stripf, R. (Hrsg.): Methoden-Handbuch Biologie, Band 2. Köln 2006

Hinweise für die Schülerinnen und Schüler

1. Arbeitet an den Stationen sorgfältig und zügig mit eurem Partner oder in Kleingruppen (3er- oder 4er-Gruppen).

2. Holt euch zu Beginn der Stationenarbeit die benötigten Materialien von ihrem Aufbewahrungsort (z. B. Wandschrank, Laborwagen, Tisch) und bringt die Materialien nach beendeter Arbeit an der Station wieder an ihren Platz zurück.

3. Achtet darauf, dass die Materialien stets vollzählig sind und in gutem Zustand bleiben.

4. Führt die Versuche genau und vorsichtig durch.

5. Notiert (protokolliert) eure Ergebnisse übersichtlich, vollständig und optisch ansprechend.

6. Fertigt eure Skizzen stets mit einem spitzen Bleistift mittlerer Härte (Empfehlung: HB) an.

7. Unterstützt euch bei der Arbeit gegenseitig und versucht, die auftretenden Fragen und Probleme gemeinsam zu lösen. Kommt ihr dennoch bei bestimmten Aufgaben nicht weiter, so wendet euch an die Lehrperson.

8. Macht beim Verlassen jeder Station einen Eintrag auf dem Laufzettel.

9. Heftet alle Arbeitsblätter, zusätzlich verwendeten Blätter, den Laufzettel und die vorliegende Seite in einer Sammelmappe ab.

... und nun viel Freude und Erfolg an den Stationen!

Übersicht über die Stationen mit Laufzettel

Name: ______________________ Klasse: ______ Datum: __________

Station	Name der Station	Datum	Dauer (min)	Zusammenarbeit mit …	Bemerkungen	Kontrolle
1	Kennübung „Einheimische Vögel“					
2	Eine Vogeluhr basteln					
3	Versuche mit Postkarten					
4	Versuche mit Papierfliegern					
5	Versuche zu Vogelfedern und Vogelflug					
6	Versuche zu Typen von Vogelfedern					
7	Aufbau einer Vogelfeder					
8	Warum können Vögel fliegen?					
9	Innerer Bau eines Vogels					
10	Aufbau eines Hühnereis					
11	Vom Ei zum Küken					
A	*Allerlei Wissenswertes über Vögel*					
B	*Flugunfähige Vögel*					
C	*RICHTIG oder FALSCH?*					
D	*Wörtersuchrätsel*					
E	*Flugpioniere*					
F	*Vögel und ihre Füße*					

Vor- und Nachtest „Vögel" (1)

Name: ______________________ Klasse: ______ Datum: __________

Maximal erreichbare Punktzahl: **19**

◯ **Vortest**

◯ **Nachtest**

Erreichte Punktzahl: ______

1. Nenne drei Typen von Vogelfedern und ihre Bedeutung für einen Vogel. **(3 P.)**

a) ______________ Aufgabe: ______________________

b) ______________ Aufgabe: ______________________

c) ______________ Aufgabe: ______________________

2. Beschrifte die folgende Abbildung einer Vogelfeder mit den richtigen Fachbegriffen. **(2 P.)**

3. Welche Besonderheiten weisen die großen Röhrenknochen bei Vögeln auf (beispielsweise im Vergleich zum Menschen) und welche Vorteile hat dies für einen Vogel? **(1 P.)**

____

____

____

Vor- und Nachtest „Vögel" (2)

Name: ______________________ Klasse: ______ Datum: __________

4. Hier sind acht einheimische Vögel abgebildet. Benenne mindestens sechs davon. **(3 P.)**

① ______________________

② ______________________

③ ______________________

④ ______________________

⑤ ______________________

⑥ ______________________

⑦ ______________________

⑧ ______________________

5. Nenne vier flugunfähige Vögel und den Kontinent, wo sie leben. **(4 P.)**

a) ______________________ Kontinent: ______________

b) ______________________ Kontinent: ______________

c) ______________________ Kontinent: ______________

d) ______________________ Kontinent: ______________

6. Beschrifte die nebenstehende Abbildung eines rohen Hühnereis. **(4 P.)**

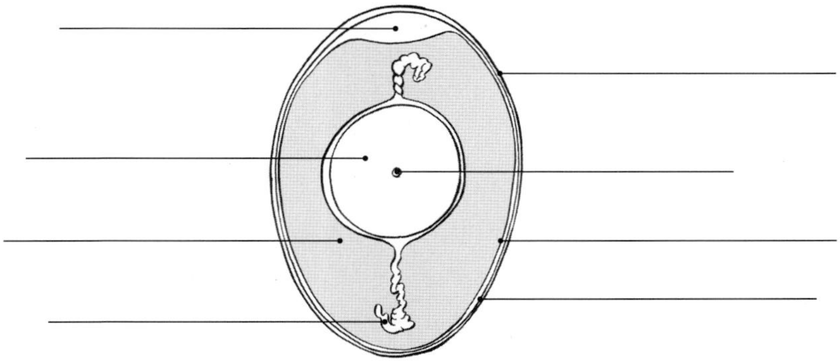

7. Wie schafft es ein Küken, am Ende seiner Entwicklung aus dem Ei zu schlüpfen? Kreuze die richtige(n) Aussage(n) an. **(2 P.)**

- ◯ Das Küken schlägt mit den Flügeln und sprengt so das Ei.
- ◯ Das Küken führt im Ei Scharrbewegungen aus und kratzt das Ei durch.
- ◯ Die Kalkschale wird im Laufe der Entwicklung des Kükens so dünn, dass die Schale schließlich von alleine zerbricht.
- ◯ Das Küken hat einen spitzen Eizahn auf dem Oberschnabel, mit dessen Hilfe es ein Loch in die Schale ritzt und schließlich das Ei aufsprengt.
- ◯ Die Henne hackt von außen die harte Kalkschale auf und lässt so das Küken am Ende der Entwicklung aus dem Ei schlüpfen.
- ◯ Durch die gestaute Wärme im Ei zerspringt die Kalkschale am Ende der Entwicklung des Kükens; dadurch gelangt das Küken aus dem Ei.

Station 1: Kennübung „Einheimische Vögel“ (1)

Name: ______________________ Klasse: ________ Datum: ____________

Auf dem Weg zur Schule könnt ihr – mit etwas Glück und Geduld – zahlreiche Vögel sehen. Diese Station soll euch helfen, einige einheimische Vogelarten zu erkennen und voneinander zu unterscheiden.

Material: 2 Vogel-Bandolinos aus möglichst dickerem Papier, Bücher zur Vogelkunde, Vogelbälge aus der Sammlung, *ggf. Vogel-CD oder -DVD mit Vogelabbildungen und Vogelstimmen sowie Laptop (Notebook)

Hinweis
Ein Bandolino ist ein Lernspiel mit Möglichkeit zur Selbstkontrolle. Zur Kontrolle dreht man das Bandolino nach Beenden der Aufgabe um und vergleicht die „Fadenzeichnung“ mit der Lösung.

Aufgaben

1. Klebt die beiden Bandolino-Vorlagen auf dickeres Papier oder Karton. Schneidet sie dann aus.
2. Bringt mit einem Locher an der vorgesehenen Stelle (gestrichelter Kreis) ein kleines Loch an (siehe Abb. rechts).
3. Schneidet an den beiden Rändern die kleinen Dreiecke sorgfältig aus (siehe Abb. rechts).
4. Fädelt nun durch das Loch oben einen dicken Faden (z. B. Wollfaden) und verknotet ihn am Loch.
5. Nun könnt ihr mit Bandolino 1 beginnen:

   Führt den Faden vom Loch **über die Rückseite** des Bandolinos zum Dreieck mit der ersten Vogelabbildung (Hausspatz) oben links. Führt nun die Schnur zum Kurzsteckbrief, der zur Abbildung passt. Führt dann die Schnur hinten um das Bandolino an das zweite Dreieck links (Amsel) und von hier zum richtigen Kurzsteckbrief usw.

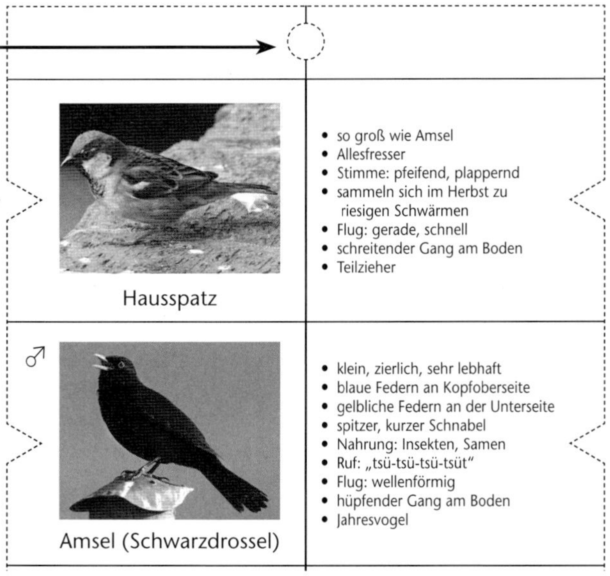

6. Kontrolliert anschließend, ob ihr alle Aufgaben richtig gelöst habt. Dreht dazu das Bandolino um und überprüft, ob der Faden genauso verläuft wie auf der Zeichnung auf dem Lösungsblatt.
7. Habt ihr alle Aufgaben von Bandolino 1 richtig gelöst, könnt ihr mit dem zweiten Bandolino beginnen.

Station 1: Kennübung „Einheimische Vögel" (2)

(Vorlage Bandolino)

Hausspatz

- so groß wie Amsel
- Allesfresser
- Stimme: pfeifend, plappernd
- sammeln sich im Herbst zu riesigen Schwärmen
- Flug: gerade, schnell
- schreitender Gang am Boden
- Teilzieher

♂

Amsel (Schwarzdrossel)

- klein, zierlich, sehr lebhaft
- blaue Federn an Kopfoberseite
- gelbliche Federn an der Unterseite
- spitzer, kurzer Schnabel
- Nahrung: Insekten, Samen
- Ruf: „tsü-tsü-tsü-tsüt"
- Flug: wellenförmig
- hüpfender Gang am Boden
- Jahresvogel

Rotkehlchen

- grau-braunes Federkleid mit dunklen Federn an den Flügeln
- kräftig gebaut
- dicker Schnabel
- Körnerfresser
- hüpfender Gang am Boden
- aufdringliche Stimme: „schilp" oder „schilip"
- Jahresvogel

Hausrotschwanz

- Männchen: schwarzes Gefieder
- kräftige Gestalt
- langer Schwanz
- Stimme: flötender Gesang
- Alarmruf „tschink, tschink"
- hüpfender Gang am Boden
- frisst Insekten, Regenwürmer, Beeren
- Jahresvogel

Star

- größte Meisenart
- etwas größer als Blaumeise und Haubenmeise
- klein, rundlich
- sehr lebhaft
- turnt kopfüber in Bäumen
- frisst Insekten und Samen
- Rufe: „zizibä", „pink-pink" oder „tätätä"
- wellenförmiger Flug
- hüpfender Gang am Boden
- Jahresvogel

Blaumeise

- spatzengroß
- langer, rötlicher, stets wippender Schwanz
- lebhafter, sich fast immer bewegender Vogel
- Stimme: helle, hastige Pfiffe „sitsitsit" mit abschließendem Knirschen
- fängt seine Nahrung (Insekten) im Flug
- Teilzieher

Kohlmeise

- zierlicher Bau
- kohlmeisengroß
- besonderes Merkmal: rote Kehlfedern
- meist am Boden
- Stimme: helles, scharfes „tick, tick"
- Gesang: perlend
- frisst Insekten und Beeren
- hüpfender Gang am Boden
- Teilzieher

Buchfink

- spatzengroß
- grünliche Federn
- kräftiger Schnabel
- Nahrung: vor allem Samen, seltener Insekten
- Stimme: z. T. eigenartig gequetscht
- wellenförmiger Flug
- schreitender oder hüpfender Gang am Boden
- Jahresvogel

Zaunkönig

- größer als Taube
- bräunliches Gefieder
- zwei große, nach vorne gerichtete Augen
- heller Schleier um die Augen
- nachtaktiv
- Nahrung: Mäuse, kleine Vögel, junge Hasen
- kräftige Krallen
- Hakenschnabel

Grünfink (Grünling)

- rundlich-kugeliger Körper
- viel kleiner als Spatz
- bräunliches Gefieder
- Schwanz: kurz, nach oben gestellt
- langer, spitzer Schnabel
- Nahrung: Insekten
- Rufe: „zik-zik-zik" oder „zerr"
- Gesang: laut, pausenlos, trillernd, pfeifend
- Flug: kurz, schwirrend
- huschende Bewegungen am Boden
- Jahresvogel

Dompfaff (Gimpel)

- kräftiger Vogel
- Größe: zwischen Blaumeise und Amsel
- kurzer, dicker Schnabel
- frisst Insekten und Samen
- Stimme: schmetternd mit Schlussschnörkel
- Lockruf: „pink-pink"
- Männchen: rote Brustfedern

Bachstelze

- größer als Waldkauz
- bräunliches Gefieder
- zwei große, seitlich am Kopf sitzende Augen
- tagaktiv
- Nahrung: Mäuse, junge Hasen
- kräftige Krallen
- Hakenschnabel

Waldkauz

- schlanker Körper
- langer, waagerecht gehaltener, dunkler Schwanz
- schwarze Kehlfedern
- Unterseite: weiß-gelbliche Federn
- Insektenfresser
- lebt an Bächen und Flüssen
- wippende Bewegungen im Sitzen
- schwirrender kurzer Flug

Mäusebussard

- etwas größer als Spatz
- gedrungener, rundlicher Körper
- kräftiger, schwarzer Schnabel
- Männchen: leuchtend rote Federn an Brust und Unterseite
- Weibchen: ähnliche Farbe, aber weniger intensiv farbige Federn
- Nahrung: Samen, Knospen
- fast immer paarweise zu sehen
- flötende, weiche Stimme („dü")
- Jahresvogel

Station 2: Eine Vogeluhr basteln (1)

Name: ______________________ Klasse: ______ Datum: __________

An dieser Station könnt ihr eine Vogeluhr erstellen und erhaltet so Hinweise, zu welcher Tages- bzw. Nachtzeit im Sommer eine bestimmte Vogelart zu hören ist.

Material:

Vorlage „Vogeluhr", Vorlage „Kennkarten von Vögeln", Klebstoff, Schere, Text zu ausgewählten Vogelarten (s. unten auf dieser Seite), Vogel-Fachbücher, ggf. Internet oder CD/DVD zu ausgewählten heimischen Vogelarten sowie Laptop

Aufgaben

1. Schneidet die zehn Kennkarten von Vögeln sorgfältig aus.
2. Lest dann den unten stehenden Informationstext sorgfältig durch, um herauszufinden, wann welcher Vogel zu hören ist.
3. Nehmt die Vogeluhr zur Hand und legt ein Vogelkärtchen nach dem anderen auf das Feld, das in etwa der Uhrzeit entspricht, wann die entsprechende Vogelart zu hören ist.
4. Kontrolliert anschließend, ob alle zehn Vogelkärtchen aus eurer Sicht richtig liegen; bitte die Kärtchen noch nicht ankleben!
5. **Zur Kontrolle**: Wenn ihr die fett gedruckten Buchstaben auf den Kärtchen der Vögel, die hintereinander ab 09.00 Uhr abends bis 05.15 Uhr morgens singen, im Uhrzeigersinn hintereinander lest, so erhaltet ihr den Namen eines einheimischen Vogels, der an Bächen und Flüssen lebt und sich vor allem von Insekten ernährt.

Informationstext

Der katzengroße Waldkauz, in der Umgangssprache gelegentlich „Nachteule" genannt, ist nachtaktiv und mit seinen hohen Einzelrufen von 21.00 Uhr abends oft bis lange nach Mitternacht zu hören, manchmal bis 02.00 Uhr morgens – vor allem dann, wenn der Waldkauz Licht in Häusern sieht. Schon zwischen 02.30 Uhr und 03.00 Uhr hört man den Gartenrotschwanz, gefolgt von der Amsel kurz nach 03.00 Uhr. Rotkehlchen und Kohlmeise sind gegen 03.30 Uhr zu hören, gefolgt von Zaunkönig und Buchfink, die zwischen 03.30 Uhr und 04.00 Uhr, kurz vor der Morgendämmerung, ihr Lied anstimmen.

Nach Anbruch der Morgendämmerung singt zwischen 04.00 Uhr und 04.30 Uhr der spatzengroße Grünfink sein Lied. Etwa eine Stunde später, gegen 05.00 Uhr, hört man den Star, gefolgt von der Bachstelze, die längere Zeit nach Tagesanbruch, kurz nach 05.00 Uhr, ihr Lied anstimmt.

Hinweis
Vögel machen den vom Menschen eingeführten Wechsel von „Sommerzeit" und „Winterzeit" natürlich nicht mit, sondern orientieren sich bei ihrem Gesang an ihrer angeborenen „inneren Uhr".

Station 2: Eine Vogeluhr basteln (2) *(Vorlage)*

Name: ______________________ Klasse: ______ Datum: ____________

Lösungswort: _ _ _ _ _ _ _ _ _ _

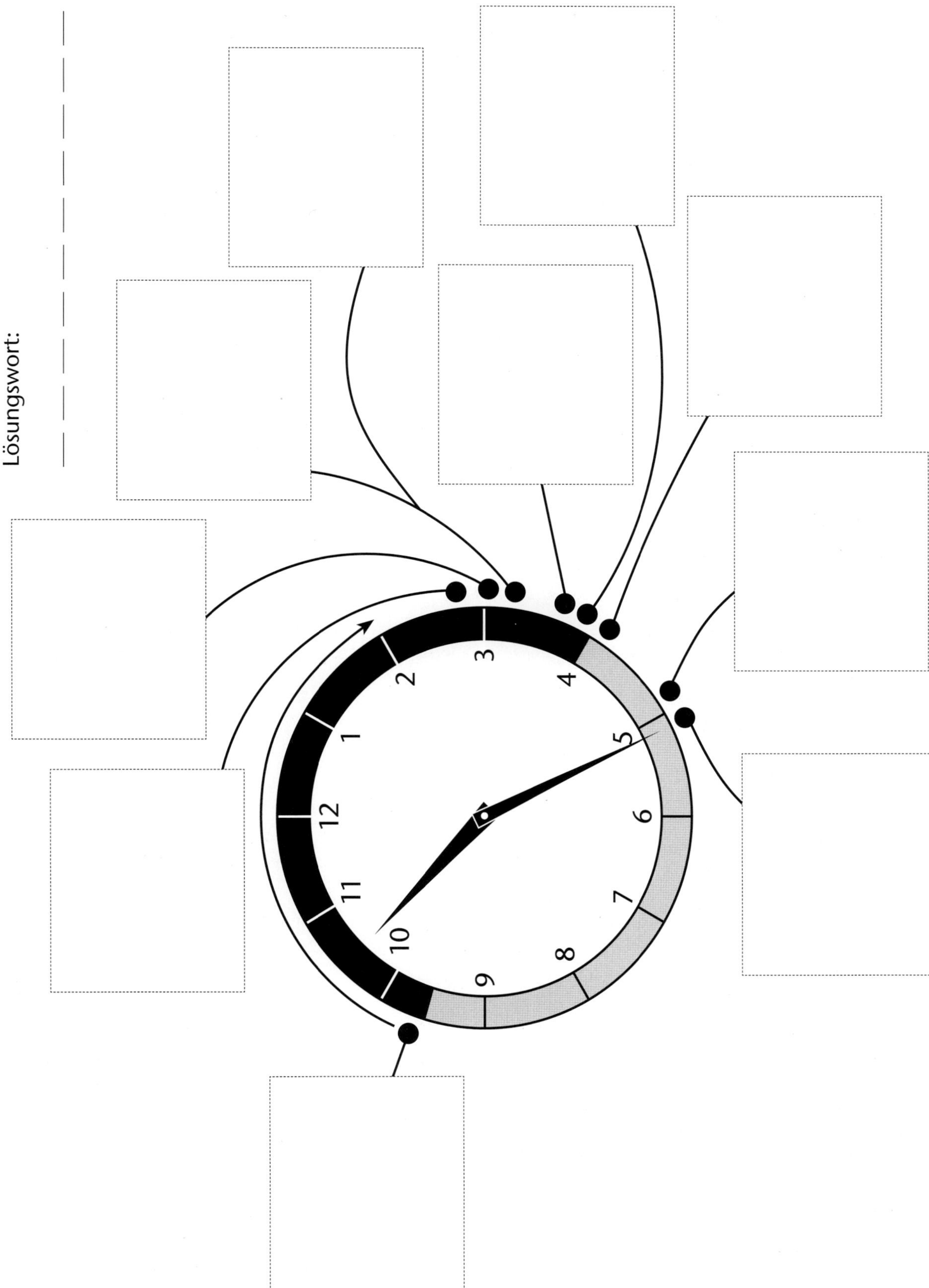

Station 2: Eine Vogeluhr basteln (3)
(Kennkarten von Vögeln)

Zaunkönig **T**

Grünfink **L**

Kohlmeise **S**

Star **Z**

Amsel **C**

Rotkehlchen **H**

Waldkauz **B**

Gartenrotschwanz **A**

Buchfink **E**

Bachstelze **E**

Station 3: Versuche mit Postkarten (1)

Name: ______________________ Klasse: ______ Datum: __________

Nicht nur Drachen, Hubschrauber, Flugzeuge und Raketen können fliegen, sondern auch viele Insekten, Vögel und Fledermäuse. An dieser Station lernt ihr anhand einfacher Versuche, die Möglichkeit des Fliegens besser zu verstehen.

Materialien: Postkarten (oder mehrere Kartons von der Größe einer Postkarte), Wäscheklammern, Büroklammern, Rolle Nähgarn, Schreibpapier DIN A4, Klebeband, Uhr, Schere

Versuch 1 Flugdauer von Postkarten

1. Lasst eine Postkarte aus einer Höhe von 2 m fallen

a) wie in Abb. 1 (senkrecht gehaltene Postkarte).
b) wie in Abb. 2 (waagrecht gehaltene Postkarte).
c) wie in Abb. 3 (an den vier Ecken nach innen gefaltete Postkarte).
d) wie in Abb. 4 (senkrecht gehalten, mit Wäscheklammer an Schnur).
e) wie in Abb. 5 (waagrecht gehalten, mit Wäscheklammer an Schnur).
f) wie in Abb. 6 (an den vier Ecken nach innen gefaltete Postkarte mit Wäscheklammer an Schnur und Ecken nach oben).
g) wie in Abb. 7 (wie in der Abb. 6, die gefalteten Ecken zeigen aber nach unten).

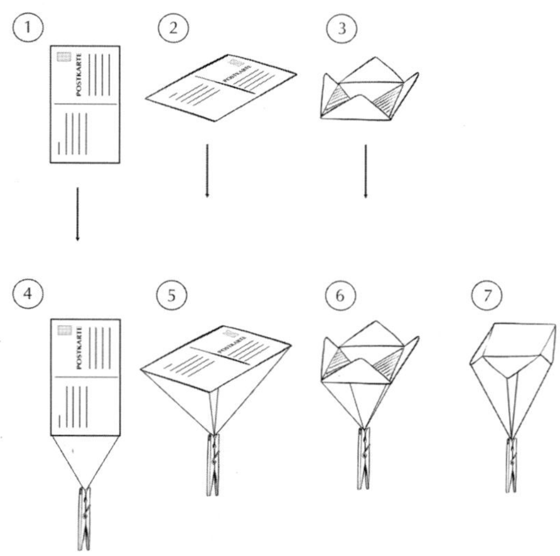

2. Messt die Zeit, die die jeweilige Postkarte in der Luft bleibt, und haltet die Ergebnisse in der folgenden Tabelle fest.

3. Welche Postkarte braucht am längsten vom Start bis zur Landung auf dem Boden? Habt ihr eine Erklärung? Notiert eure Vermutung.

Beobachtungen, Deutungsideen und Erklärungen zu Versuch 1

Flugversuch wie Abb. …	Flugdauer in Sekunden	Beschreibung des Flugs der Postkarte	Analogie zum Vogelflug
1			
2			
3			
4			
5			
6			
7			

Station 3: Versuche mit Postkarten (2)

Name: ____________________ Klasse: ________ Datum: ____________

Versuch 2 Gleitverhalten von Postkarten

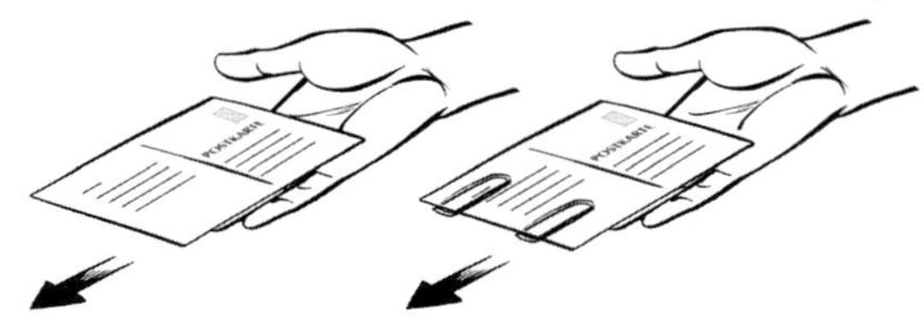

1. Lasst eine Postkarte von der flachen, ausgestreckten Hand fallen, indem ihr die Hand schnell nach unten wegzieht. Beschreibt das Flugverhalten der Postkarte und haltet eure Beobachtungen fest.

2. Wiederholt nun denselben Versuch, beschwert jedoch die Postkarte vor dem Flugversuch vorne, seitlich oder hinten mit Büroklammern. Wiederholt den Versuch so oft mit einer oder mehreren Büroklammern, bis die Postkarte möglichst ruhig und möglichst weit nach vorne gleitet.

3. Wann gleitet die Postkarte am längsten und am weitesten? Wie ist das zu erklären? Ergänzt die folgende Tabelle.

Beobachtungen, Deutungsideen und Erklärungen zu Versuch 2

Flugversuche	Beschreibung des Flugs der Postkarte	Vermutung zur Erklärung des Flugverhaltens
1 (Postkarte aus Hand gleiten lassen)		
2		
3		
4		
5		
6		
7		

Station 3: Versuche mit Postkarten (3)

Name: ______________________ Klasse: ________ Datum: ____________

Versuch 3 Schwerpunkt einer Postkarte

1. Haltet die Postkarte so auf dem nach oben gestreckten Zeigefinger, dass sie sich im Gleichgewicht befindet (vgl. Abbildung).
2. Markiert diesen Punkt auf der Postkarte. Man nennt diesen Punkt „Balancepunkt" oder „Schwerpunkt".
3. Bringt an verschiedenen Stellen an der Postkarte Büroklammern an (z. B. zwei Büroklammern an einer Längsseite der Postkarte) und bestimmt erneut den Schwerpunkt.
4. Beschreibt, wie sich der Schwerpunkt ändert, wenn Büroklammern an verschiedenen Stellen der Postkarte angebracht werden.

Versuch 4 Flugversuche mit geknickten Postkarten

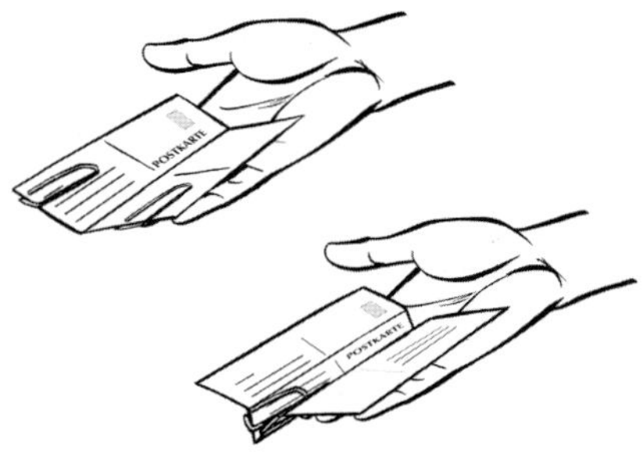

1. Knickt eine Postkarte in der Mitte der Länge nach einmal leicht und lasst sie aus der flachen, ausgestreckten Hand gleiten.
2. Beschwert die geknickte Postkarte vorne mit zwei Büroklammen und lasst sie wie bei 1. aus der Hand gleiten.
3. Knickt eine Postkarte in der Mitte sowie links und rechts der Mitte der Länge nach und lasst sie wie bei 1. aus der Hand gleiten.
4. Wiederholt den Flugversuch wie bei 3. und beschwert vorher die geknickte Postkarte mit zwei Büroklammern vorne.

Beschreibt das jeweilige Flugverhalten der Postkarten. Welche Schlüsse zieht ihr aus dem Flugverhalten?

____

____

____

Transfer

Übertragt eure Erkenntnisse aus den Versuchen 1 bis 4 auf den Vogelflug.

____

____

____

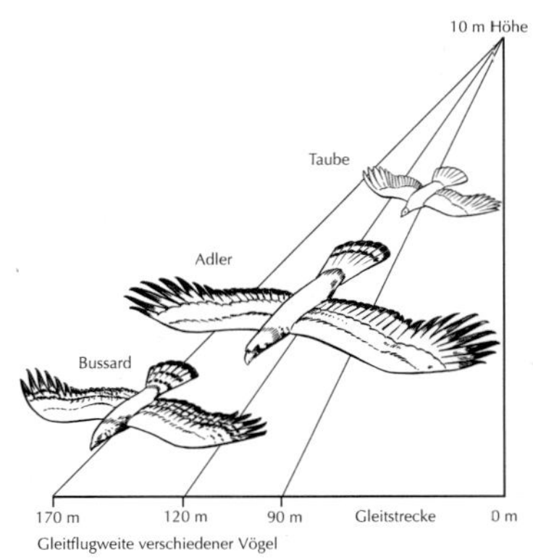

Station 4: Versuche mit Papierfliegern

Name: ______________________ Klasse: ________ Datum: ____________

Papierflieger werden im Prinzip so gefaltet, wie auch Vögel gebaut sind. An dieser Station könnt ihr Erfahrungen mit Papierfliegern und ihren Flugeigenschaften machen und diese auf den Vogelflug übertragen.

Material: DIN-A4-Papier (möglichst 120 g und 200 g)

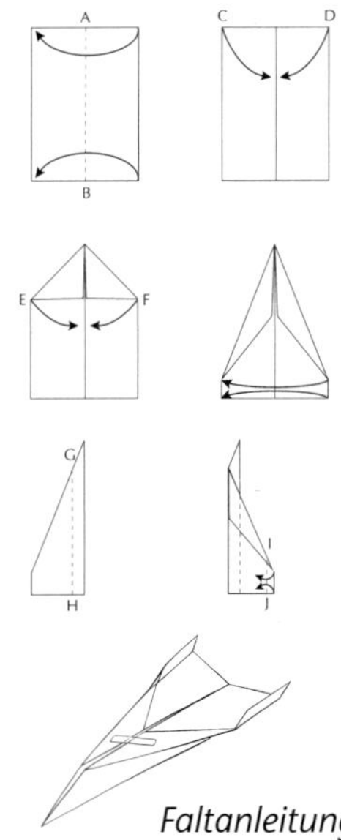

Faltanleitung

Papierflieger im Gleichgewicht

Versuch 1

1. Fertigt einen Papierflieger nach der **Faltanleitung**.
2. Bestimmt mithilfe einer Kuchengabel den **Schwerpunkt** des Papierfliegers. Führt dazu die Gabel am Steg des Fliegers von vorne nach hinten, bis der Flieger auf den Gabelspitzen balanciert (also im Gleichgewicht ist; vgl. Abbildung). Markiert mit einem Bleistift diesen „Schwerpunkt" (Balancierpunkt) mit einer kleinen „1", lasst den Flieger dann fliegen und beobachtet Flugeigenschaften und Flugbahn.
3. Bringt nun an der **Spitze** des Fliegers eine Büroklammer an. Lasst den Flieger nochmals fliegen und beobachtet Flugeigenschaften und Flugbahn. Verändert die Stelle, an der die Büroklammer angebracht ist, indem ihr die Klammer an verschiedenen Stellen des vorderen Stegs anbringt. Bestimmt jeweils den Schwerpunkt, markiert ihn mit Bleistift (Markierungen „2", „3" usw.) und erprobt die jeweiligen Flugeigenschaften.
4. Beschwert nun den Papierflieger mit einer bzw. zwei Büroklammern am **hinteren Ende** an verschiedenen Stellen. Bestimmt erneut jeweils den Schwerpunkt, markiert ihn (Markierungen „A", „B" usw.) mit einem Bleistift und beobachtet Flugeigenschaften und Flugbahn.
5. Wann fliegt der Gleiter am besten? Haltet in knapper Form fest, was euch die Flugversuche mit dem Papierflieger zeigen.

Versuch 2

Faltet einen Papierflieger eurer Wahl und erprobt seine Flugeigenschaften. Vergleicht mit den Ergebnissen von Versuch 1. Habt ihr eine Erklärung?

____

____

Transfer

Übertragt eure Erkenntnisse aus den Versuchen 1 und 2 auf den Vogelflug.

____

____

Station 5: Versuche zu Vogelfedern und Vogelflug (1)

Name: ______________________ Klasse: ________ Datum: ____________

Vögel haben verschiedene Arten von Federn, die unterschiedliche Aufgaben haben. An dieser Station lernt ihr Näheres über das Fliegen der Vögel.

Material: verschiedene Federn von möglichst unterschiedlichen Vogelarten (Taube, Gans, Huhn, Ente, Meise usw.), feuerfeste Unterlage, Pinzette, Teelicht, Streichhölzer, Lupe, weites Kunststoff- oder Glasrohr (ca. 50 cm lang), Stativmaterial, elektronische Waage (oder Briefwaage), Vogelbalg (oder Balsaholzgleiter), Fön, Bleistift, DIN-A4-Papier

Versuch 1

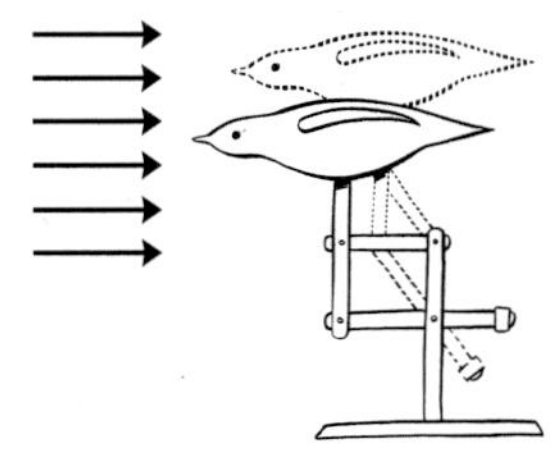

Befestigt einen Vogelbalg (z. B. von einer Meise; alternativ: einen Balsaholzgleiter) auf einer elektronischen Waage. Blast mit einem Fön von vorne gegen die ausgebreiteten Flügel und beobachtet, wie sich das Gewicht auf der Waage ändert. Habt ihr eine Erklärung?

Beobachtungen:

____

Erklärung:

____

Versuch 2

Haltet am Ende die schmale Seite eines DIN-A4-Blattes links und rechts zwischen zwei Fingern und lasst dann das Blatt hinter euren Fingern herabhängen.

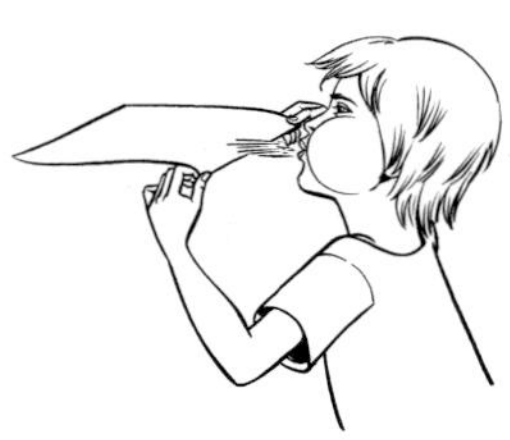

1. Pustet jetzt zunächst leicht, dann kräftig über die obere Blattfläche, gegen die Blattkante und dann gegen die untere Blattfläche.
2. Wiederholt den Versuch mit einem Elektrofön.

Beobachtungen:

____

____

Erklärung:

____

____

Übertragt die Erkenntnisse auf den Vogelflug.

____

____

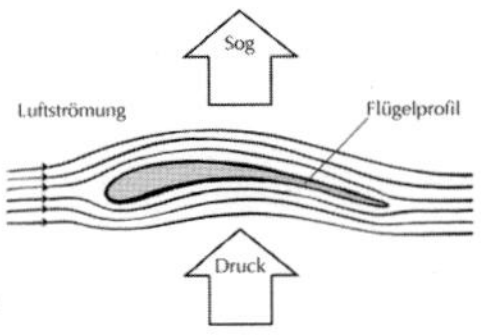

Station 5: Versuche zu Vogelfedern und Vogelflug (2)

Name: ______________________ Klasse: ________ Datum: ____________

Versuch 3

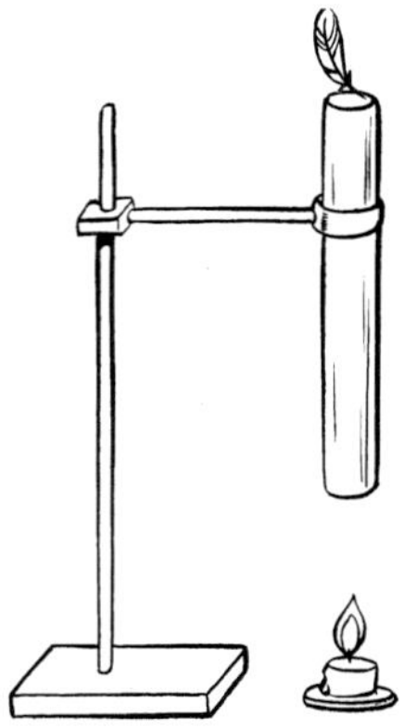

Überprüft, wie sich eine Daunenfeder über einem offenen Glasrohr verhält. Befestigt dazu wie in der nebenstehenden Abbildung ein Glasrohr an einem Stativ so, dass sich die untere Öffnung etwa 5 cm über dem Tisch befindet.

1. Haltet nun eine kleine Daunenfeder über die obere Öffnung des Glasrohrs und lasst sie ins Rohr fallen.

2. Stellt ein brennendes Teelicht unter die untere Öffnung des Rohrs und wiederholt den obigen Versuch.

Beobachtungen:

____

____

Erklärung:

____

____

Übertragt die Erkenntnisse auf den Vogelflug. Welche Folgerungen ergeben sich?

____

____

Versuch 4

Entzündet ein Teelicht, stellt es auf eine feuerfeste Unterlage und haltet mithilfe einer Pinzette eine kleine Feder ins Teelicht.
Achtung: Verbrennt euch nicht!
Wonach erinnert der Verbrennungsgeruch der Feder?

Beobachtungen:

____

____

Schlagt dann nach, wie der Geruch der Verbrennungsgase zu erklären ist.
Erklärung:

____

____

Station 6: Versuche zu Typen von Vogelfedern (1)

Name: ______________________ Klasse: ______ Datum: __________

An dieser Station lernt ihr die drei verschiedenen Federtypen und ihre Bedeutung kennen.

Material: verschiedene Federn, Teelicht, Streichhölzer, Trinkhalm, dünne Plastiktüte (Frühstückstüte; Inhalt ca. 1–2 Liter), 2 Bechergläser (1 Liter), Pipette aus Kunststoff (oder Glas)

Aufgabe

Schwungfeder, Deckfeder und Daune im Vergleich: Ergänzt die folgende Tabelle aufgrund der Versuchsergebnisse der Versuche 1–4 auf der folgenden Seite.

	Schwungfeder	Deckfeder	Daune
Form (Hinweis: Schneidet dazu die auf der folgenden Seite unten abgebildeten Federn aus und klebt sie in die richtige Spalte ein.)			
Luftdurchlässigkeit			
Eigenschaften gegenüber Wasser			
wärmeisolierende Wirkung (Kälteschutz)			
Bedeutung für den Menschen			
Sonstiges			

Station 6: Versuche zu Typen von Vogelfedern (2)

Name: ______________________ Klasse: ______ Datum: __________

Versuch 1

Entzündet ein Teelicht und stellt es etwa 50 cm vor euch auf den Tisch. Haltet verschiedene Federn vor das Kerzenlicht und versucht dann, mit einem Trinkhalm die Kerzenflamme auszublasen. Was könnt ihr beobachten? Welche Bedeutung könnten eure Beobachtungen für Vögel haben? Haltet eure Ergebnisse in der Tabelle fest.

Versuch 2

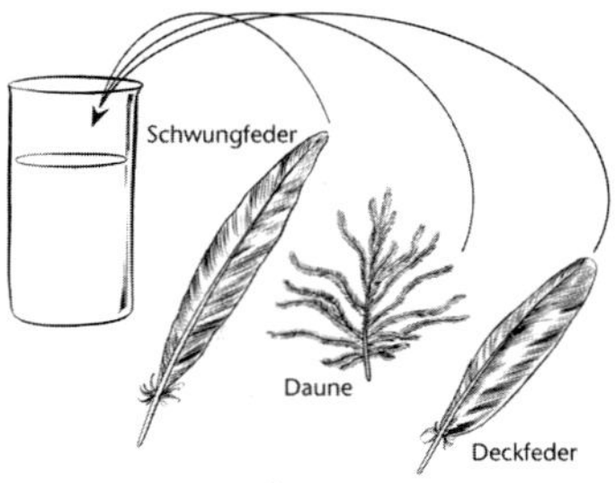

Füllt ein Becherglas zu etwa ¾ mit Wasser. Taucht anschließend eine Schwungfeder, eine Deckfeder und eine Daune kurz ins Wasser, betrachtet sie dann und schüttelt sie anschließend leicht hin und her. Was könnt ihr beobachten? Welche Bedeutung könnten eure Beobachtungen für Vögel haben? Haltet eure Ergebnisse in der Tabelle fest.

Versuch 3

Drückt eine Daunenfeder, eine Deckfeder und eine Schwungfeder unter Wasser und lasst sie dann los. Was könnt ihr beobachten? Welche Bedeutung könnten eure Beobachtungen für Vögel haben? Haltet eure Ergebnisse in der Tabelle fest.

Versuch 4

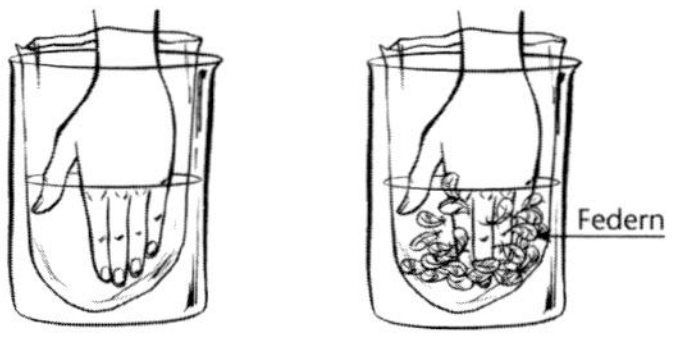

Füllt zwei Bechergläser jeweils etwa zur Hälfte mit kaltem Leitungswasser. Gebt dann in eine dünne Kunststofftüte möglichst viele Daunenfedern. Steckt nun in jede Tüte eine Hand und haltet sie ins Wasser (vgl. Abbildung). Wiederholt den Versuch mit Schwungfedern und Deckfedern. Was könnt ihr feststellen? Welche Bedeutung könnte diese wärmeisolierende Wirkung für Vögel haben? Haltet eure Ergebnisse in der Tabelle fest.

Hinweis: Seht euch die drei verschiedenen Federtypen an einem Vogelbalg (ausgestopften Vogel) an, beschreibt die Lage der einzelnen Federarten am Vogelkörper und verdeutlicht euch die Bedeutung der einzelnen Federarten für den Vogel.

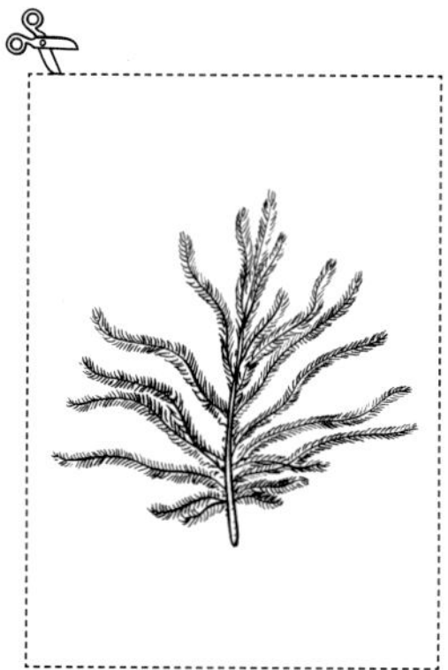

Station 7: Aufbau einer Vogelfeder

Name: ____________________ Klasse: ______ Datum: __________

An dieser Station erfahrt ihr, wie kunstvoll eine Vogelfeder aufgebaut ist.

Material: verschiedene Vogelfedern (z. B. von Huhn, Taube usw.), Lupe, Binokular

Aufgaben

1. a) Zeichnet je eine Daunenfeder, eine Deckfeder und eine Schwungfeder aus der Federsammlung in die Kästen. Schreibt den Namen der jeweiligen Federart darunter.

b) Beschriftet dann die Bauteile der Deckfeder und der Schwungfeder. Verwendet zur Beschriftung der Bauteile folgende Begriffe:

Außenfahne – Innenfahne – Schaft – Spule – Federkiel – Federäste

c) Beschriftet die Detailansicht der Feder mit folgenden Begriffen:

Federast – Bogenstrahl – Häkchen

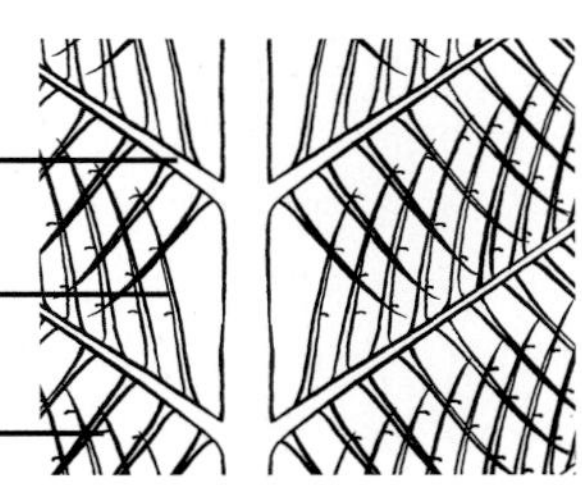

2. Untersucht eine Schwungfeder genauer. Notiert eure Beobachtungen.

a) Streicht mit zwei Fingern (ein Finger oberhalb, ein Finger unterhalb der Fahne) von der Spule zur Spitze der Feder.

b) Streicht mit zwei Fingern von der Spitze der Feder in Richtung Spule.

c) Betrachtet benachbarte Äste der Feder mithilfe einer Lupe; betrachtet dann einzelne Teile der Feder mit Lupe und Binokular. Beschreibt, wie der Bau der Äste es ermöglicht, dass die Fahne praktisch eine geschlossene Fläche ist.

d) Begründet, weshalb der Bau der Fahne von großer Bedeutung für einen Vogel ist.

Station 8: Warum können Vögel fliegen? (1)

Name: ________________________ Klasse: ______ Datum: __________

Viele Vögel sind richtiggehende Flugkünstler. An dieser Station lernt ihr einige Merkmale kennen, die ihnen das Fliegen überhaupt erst ermöglichen.

Material: Vogelbalg (z. B. von Amsel, Mäusebussard), Informationstext, Vorlage Mindmap

Aufgabe

Lest den folgenden Text durch, seht euch die Abbildungen und den Vogelbalg genau an und vervollständigt dann die Mindmap.

Informationstext

Vögel sind geradezu Meister im Fliegen. Manche Vögel, wie z. B. Falken, erreichen Fluggeschwindigkeiten von weit mehr als 100 Stundenkilometern, andere Vögel, wie z. B. Wanderregenpfeifer, fliegen nonstop (d. h. ohne Zwischenlandung) mehrere Tausend Kilometer weit in großen Höhen.

Der Vogelkörper ist hervorragend an das Fliegen angepasst: Durch seinen **stromlinienförmigen Bau** bietet er der Luft wenig Widerstand. Mit Ausnahme von Schnabel und Füßen ist er von **Federn** bedeckt. Die **glatten Deckfedern** bedecken fast den gesamten Vogelkörper und schützen ihn vor Nässe. Unter den Deckfedern befinden sich die flauschigen, wärmenden, weichen Flaumfedern – auch Daunenfedern oder **Daunen** genannt.

Beim Fliegen sind die beiden **Flügel** ausgebreitet und wirken wie Tragflächen; die Federn können eine geschlossene Fläche bilden: Beim Abwärtsschlagen der Flügel ist die Flügelfläche geschlossen; dies hilft dem Vogel beim schnellen Fliegen oder Segeln. Beim Aufwärtsziehen der Flügel drehen sich die Schwung- und Deckfedern an den Flügeln etwas und lassen Luft zwischen den Federn hindurchgleiten. Die kräftigen Schwungfedern der Flügel stecken in einer elastischen Haut und können sich etwas drehen, was für Abwärts- und Aufwärtsschlag sehr wichtig ist.

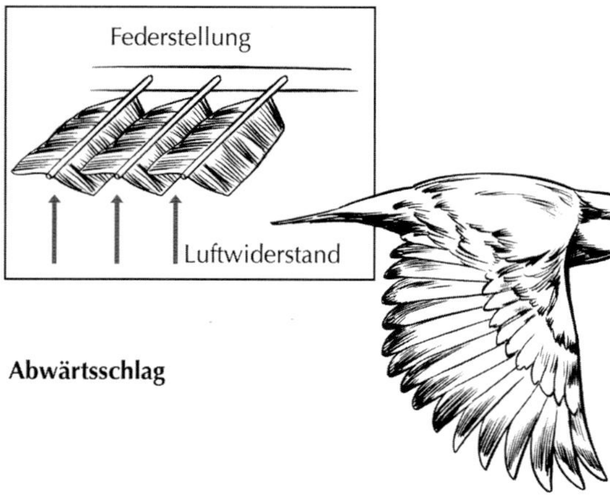

Abwärtsschlag

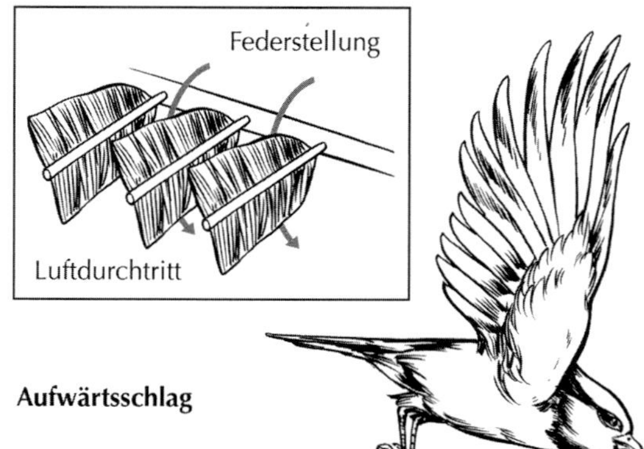

Aufwärtsschlag

Station 8: Warum können Vögel fliegen? (2)

Name: ______________________ Klasse: ______ Datum: ____________

Taube und Marder sind beides Wirbeltiere und etwa gleich groß. Trotzdem haben sie ein sehr unterschiedliches Gewicht: Ein Marder wiegt dreimal so viel wie eine Taube. Wie ist das zu erklären? Die Knochen der Taube sind **dünnwandig**, **hohl** und mit Luft gefüllt. Der **Hornschnabel** ist – im Gegensatz zu den mit Zähnen besetzten Kiefern des Marders – sehr leicht.

Außerdem durchziehen große **Luftsäcke** als Ausstülpungen der Lunge den gesamten Vogelkörper zwischen Muskeln und Eingeweideteilen.

Durch ihre **hoch entwickelte Lunge** sind Vögel auch in sehr großen Höhen zu enormen Flugleistungen fähig, obwohl die Luft dort „sehr dünn" ist, also im Vergleich zur Erdoberfläche wenig Sauerstoff enthält. Die Luftsäcke, die den gesamten Körper bis in die Flügel durchziehen, unterstützen die Atmung, sodass Vögel auch in großen Höhen genügend Sauerstoff zum Fliegen haben.

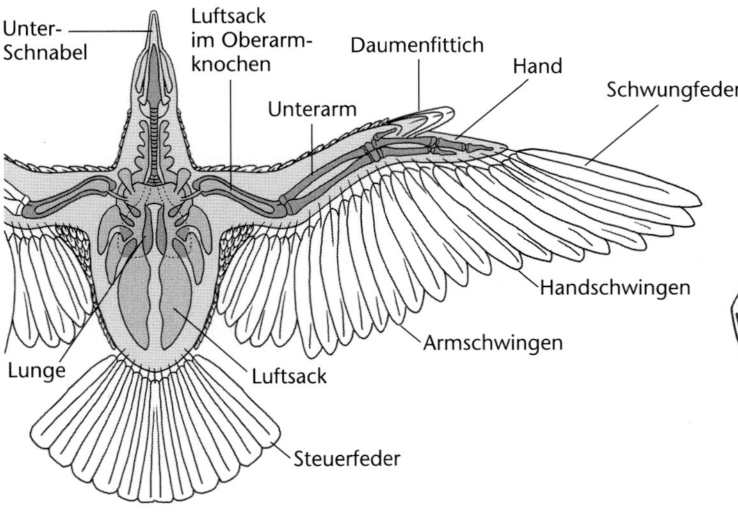

Leichtbauweise eines Vogels (Schema)

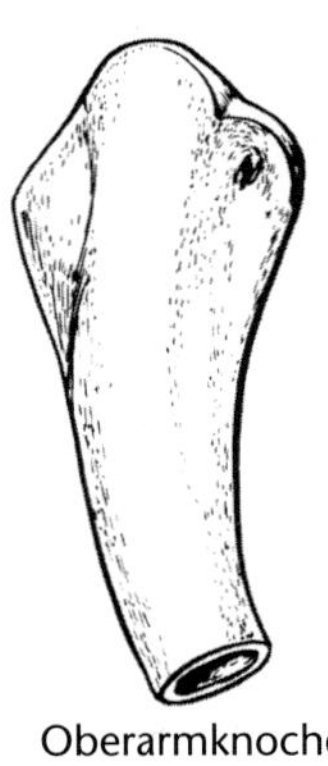

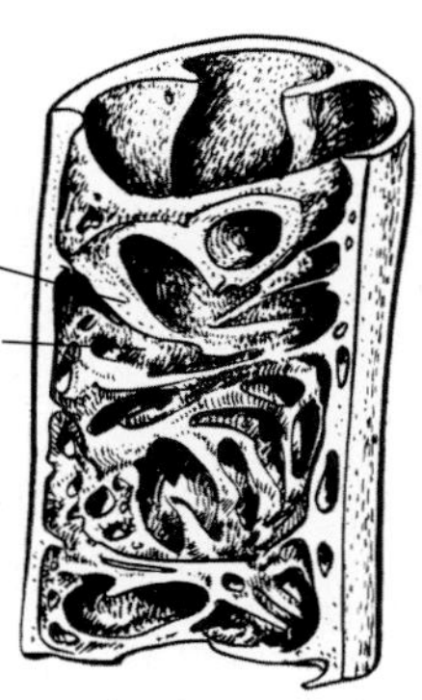

Das **Knochengerüst** der Vögel weist eine große Festigkeit auf, was für den Flug sehr wichtig ist: Die Wirbel von der Brust bis zum Schwanz sind fest miteinander verwachsen. Auch die Rippen und das Brustbein sind starr miteinander verbunden. Am großen **Brustbein** setzen die kräftigen **Flugmuskeln** an.

Die **Nahrung** wird bei Vögeln generell schnell verdaut und Reste schnell ausgeschieden, sodass durch Nahrung das Gewicht eines Vogels kaum verändert wird. Auch fressen Vögel recht häufig – aber immer nur recht kleine Mengen.

Die Jungen entwickeln sich außerhalb des Vogelkörpers in **Eiern**, sodass auch dadurch beim Vogel Gewicht eingespart wird.

Station 8: Warum können Vögel fliegen? *(Mindmap)*

Name: ______________________ Klasse: ______ Datum: ____________

Vervollständigt die folgende Mindmap auf der Grundlage des Informationstextes. Ergänzt Äste, wo nötig.

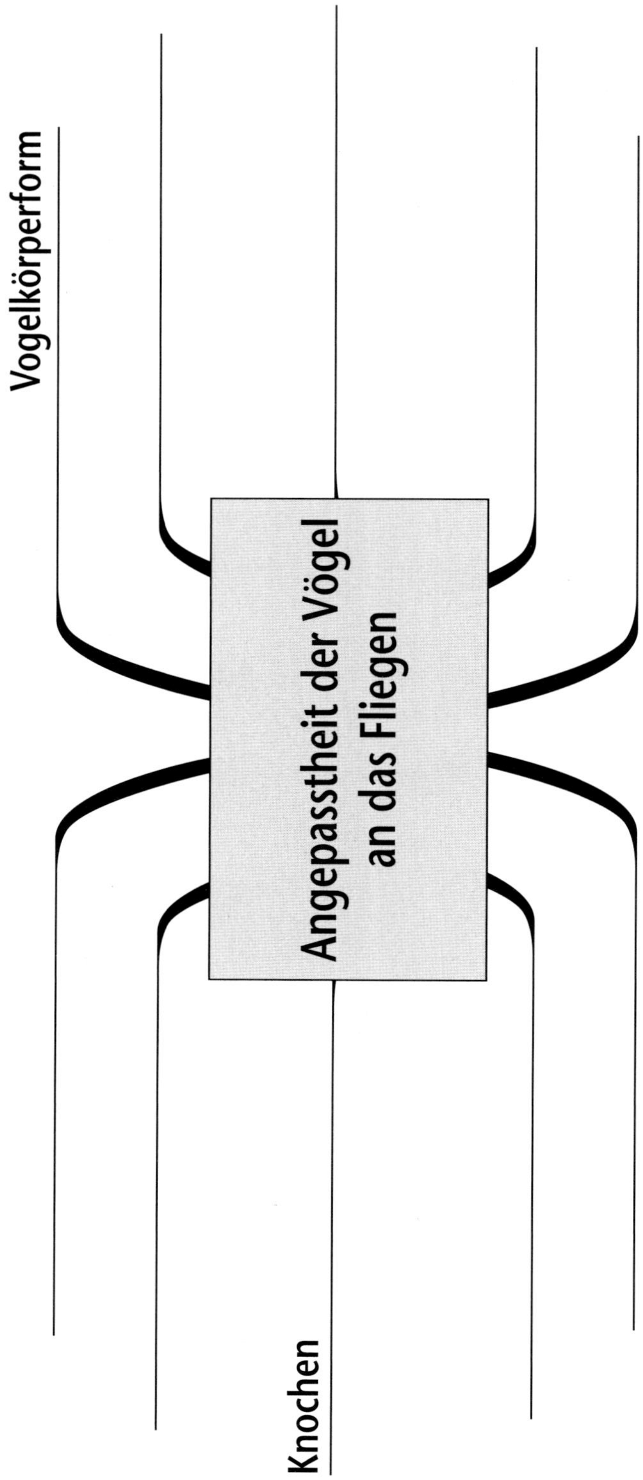

Station 9: Innerer Bau eines Vogels

Name: ______________________ Klasse: ________ Datum: ______________

An dieser Station lernt ihr den inneren Körperaufbau eines Vogels kennen.

Aufgaben

1. Schneidet die abgebildeten Puzzleteile aus und fügt sie richtig in das Vogelbild ein.
2. Schneidet dann die Begriffe aus und beschriftet damit die Skizze zum inneren Aufbau des Vogels; klebt die Begriffe jedoch noch nicht fest.
3. Vergleicht die Abbildung nun mit dem Lösungsblatt. Wenn ihr alles richtig gemacht habt, könnt ihr die Kärtchen aufkleben und den inneren Aufbau des Vogels ausmalen.

Wirbelsäule	**Luftsack**	**Lunge**	**Kropf**			
Bürzeldrüse	**Kloake**	**Darm**	**Leber**	**Brustbein**	**Herz**	**Muskelmagen**

Station 10: Aufbau eines Hühnereis

Name: ____________________ Klasse: ______ Datum: __________

Alle Vögel legen Eier. Aussagen wie „das Gelbe vom Ei" und „wie aus dem Ei gepellt" zeugen davon, welche Bedeutung Eier haben. Obwohl die Eier verschiedener Vögel anders aussehen, ist ihr innerer Bau sehr ähnlich.
An dieser Station lernt ihr, wie ein Vogelei aufgebaut ist – vielleicht könnt ihr sogar ein Ei selbst so präparieren, dass ihr die wichtigsten Teile darin erkennen könnt.

Material: Schulbuch, ggf. Internet

Aufgabe

1. Die folgende Abbildung zeigt ein Hühnerei (Längsschnitt). Ordnet den einzelnen Hühnereiteilen die richtigen Begriffe zu, indem ihr die betreffende Ziffer in den Kreis vor dem jeweiligen Begriff schreibt. Schlagt dazu gegebenenfalls im Biologiebuch nach oder nutzt zur Recherche das Internet.

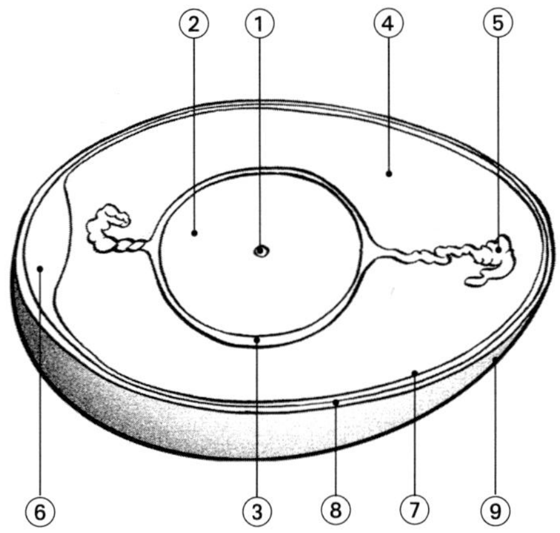

◯ Keimscheibe
◯ Kalkschale
◯ äußere Schalenhaut
◯ innere Schalenhaut
◯ Eidotter
◯ Dotterhaut
◯ Eiklar (Eiweiß)
◯ Eischnur (Hagelschnur)
◯ Luftkammer

2. **Hinweise zur Präparation eines rohen Hühnereis**: In Absprache mit eurem/r Biologielehrer/-in könnt ihr auch ein Hühnerei präparieren:

   Material: rohes Ei, kleine spitze Schere, Pinzette, Eierkarton als Ablage, Papiertücher

   Legt das rohe Ei in den Eierkarton, bohrt mit der Scherenspitze vorsichtig ein Loch in die Kalkschale und hebt dann stückweise die Kalkschale mit der Pinzette (so groß wie ein 2-€-Stück) ab, sodass ihr den Dotter gut sehen könnt. Welche Teile des Eis könnt ihr erkennen? Vergleicht das reale Ei mit der obigen Abbildung.

   ____

   ____

   ____

   ____

Station 11: Vom Ei zum Küken

Name: ______________________ Klasse: ______ Datum: __________

Küken werden nicht lebend geboren, sondern entwickeln sich im Ei. An dieser Station erfahrt ihr, wie ein Küken entsteht.

Aufgaben

1. Im linken Teil der Abbildung sind die Bilder zur Entstehung eines Kükens in der richtigen Reihenfolge zu sehen. Die Textblöcke auf der rechten Seite sind leider durcheinandergeraten. Ordnet die Textblöcke den richtigen Abbildungen zu, indem ihr sie mit den zugehörigen Abbildungen verbindet.
2. Fügt ihr die GROSSBUCHSTABEN bei den Textbausteinen (richtige Reihenfolge vorausgesetzt) aneinander, so erhaltet ihr zur Selbstkontrolle ein Lösungswort, das viel mit den Vögeln zu tun hat.

Lösungswort: ______________________

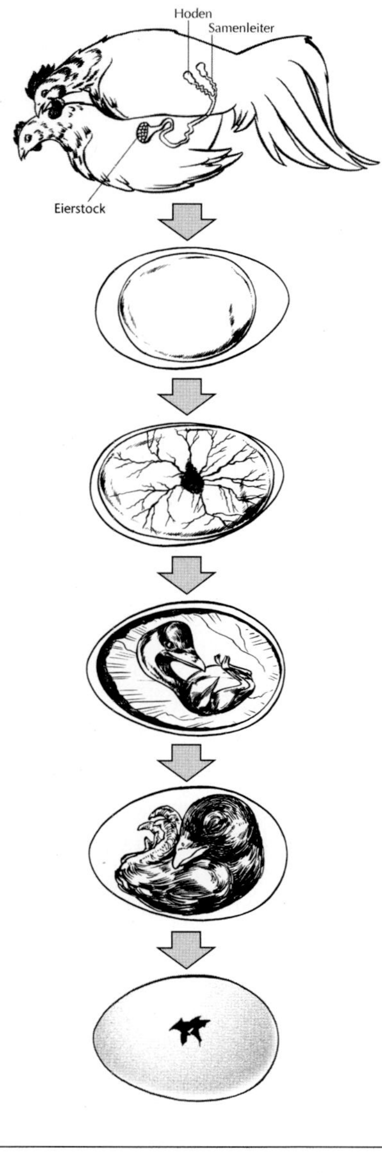

Bei 38–40 °C wird das Ei ausgebrütet; schon nach 6 Tagen ist die kleine Gestalt des Kükens ganz leicht erkennbar. Große Blutgefäße führen zum Küken hin und versorgen es mit Nährstoffen und Sauerstoff.	**K**
Das Küken füllt nach zwei Wochen fast die Hälfte im Ei aus. Der Kopf ist sehr groß, ebenso die dunklen Augen. Beine und Flügelansätze sind gut am noch nackten Körper erkennbar.	**L**
Nach etwa 21 Tagen ritzt das Küken mittels Eizahn (spitzer Fortsatz auf dem Schnabel) die Kalkschale von innen an, macht ein Loch, sprengt das Ei und das nasse Küken schlüpft. Der Federflaum trocknet schnell.	**R**
Der Hahn besteigt die paarungsbereite Henne. Beide pressen ihre Geschlechtsöffnungen (Kloaken) kurz aufeinander, d. h. paaren sich. Dann springt der Hahn von der Henne.	**E**
Nachdem die Samenzellen des Hahns in den Eileiter der Henne gelangt sind, wird die Eizelle, die auf der Keimscheibe des Dotters liegt, befruchtet. Die Dotterkugel wird im Eileiter mit Eiklar angereichert, mit einer Kalkschale umgeben und dann das Ei gelegt.	**I**
Das Küken ist bereits gefiedert und füllt fast das gesamte Ei aus. Der Kopf liegt am stumpfen Ende nah an der Luftkammer.	**A**

Station A: Allerlei Wissenswertes über Vögel

Name: ____________________ Klasse: ______ Datum: __________

Aufgaben

1. Gemeinsamkeiten der Vögel

Streiche die Merkmale durch, die nicht auf Vögel zutreffen. Kontrolliere dann deine Lösung.

Wirbelsäule	Lungenatmung	geschlossener Blutkreislauf
Federkleid	Entwicklung des Kükens im Ei	bringen lebende Junge zur Welt
gleichwarm	stromlinienförmiger Körper	Hornschnabel (keine Zähne)
wechselwarm	haben lange Schwanzwirbelsäule	Schuppen unter dem Federkleid
Kiemenatmung	sehr leistungsfähige Lunge	

2. Fluggeschwindigkeiten einiger Vögel

Verschiedene Vögel können unterschiedlich schnell fliegen. Ordne den einzelnen Vogelarten mit Verbindungslinien bestimmte Fluggeschwindigkeiten (in Kilometern pro Stunde) zu. Kontrolliere dann deine Lösung.

Brieftaube	Eisvogel	Falke im Sturzflug	Habicht	Schwalbe	Storch
200 km/h	80 km/h	60 km/h	70 km/h	40 km/h	50 km/h

3. Bedrohte Vogelarten (eine kleine Auswahl)

Seht euch die unten genannten Vogelarten in Biologiebüchern oder im Internet an. Ordnet dann den einzelnen Vogelarten (Spalte 1) die Ursachen der Bedrohungen (Spalte 2) und die Möglichkeiten, den Vogelarten beim Überleben zu helfen (Spalte 3), einander zu; schneidet hierzu die betreffenden Aussagen in den drei Spalten aus und ordnet sie richtig zu.

Vogelarten	Bedrohungsursachen	Hilfen für die Vögel
Weißstorch	Hecken, Büsche und Feldraine, die nicht gemäht werden und feine Kräuter und Insekten enthalten (Nahrung), fehlen	*trockengelegte Feuchtgebiete wieder anlegen*
Rebhuhn	alte Bäume mit kleinen Nisthöhlen im Stamm sowie Feuchtgebiete mit Fröschen als Nahrung fehlen	*künstliche Nisthöhlen anbieten als Ersatz für fehlende Baumstamm-Nisthöhlen*
Steinkauz	ruhige, klare, fischreiche Gewässer mit Steineufern zum Brüten fehlen	*naturnahe, fischreiche Bäche und Flüsse mit ruhigen Gewässerzonen (zum Fischen) sowie mit Steilufern (zum Höhlenbau) einrichten*
Eisvogel	zu wenig Feuchtgebiete vorhanden, d. h. zu wenig Nahrung (Frösche, Fische usw.)	*Hecken und Gebüsche auf den Feldern anlegen*

Station B: Flugunfähige Vögel (1)

Name: ______________________________ Klasse: ______ Datum: ____________

Nicht alle Vögel können fliegen. An dieser Station lernt ihr einige der heute lebenden flugunfähigen Vogelarten (sog. „Laufvögel") kennen.

Material: Weltkarte, Schere, Klebstoff

Aufgaben

1. Lest den Informationstext auf dieser und der nächsten Seite genau durch.
2. Auf den folgenden Seiten findet ihr eine Weltkarte, einige Vogelarten und deren Namen. Schneidet die Namen der fünf Vögel sowie die fünf Vogelabbildungen aus und klebt sie an die richtige Stelle der Weltkarte.
3. Wenn alles richtig gelegt ist und ihr die Buchstaben bei den Vogelabbildungen und hinter den Vogelnamen im Uhrzeigersinn auf der Weltkarte lest, so erhaltet ihr das Lösungswort. Dazu müsst ihr die Buchstaben noch in die richtige Reihenfolge bringen.

Lösungswort: ☐ ☐ ☐ F ☐ ☐ ☐ ☐ ☐ L

Informationstext

Derzeit kennt die Wissenschaft über 10 000 verschiedene Vogelarten. Die allermeisten Vogelarten können gut fliegen. Der kleinste Vogel auf der Erde ist der Zwergkolibri (Bienenelfe), der in Amerika lebt, sich von Blütennektar und Kleininsekten ernährt. Mit Schnabel und Schwanzfedern wird er gerade einmal 6 cm lang – das ist nicht viel, wenn ihr diese Länge mit eurem kleinen Finger vergleicht. Der schnellste fliegende Vogel ist der Mauersegler, der bis zu 200 km pro Stunde schafft. 200 km pro Stunde schafft auch der Falke – aber nur im Sturzflug.

Im Gegensatz zu den flugfähigen Vögeln sind nur relativ wenige Vogelarten flugunfähig. Alle diese flugunfähigen Vögel, auch **Laufvögel** genannt, haben sich aus **verschiedenen** flugfähigen Vogelarten entwickelt, d. h. nicht alle flugunfähigen Vögel haben den gleichen Vorfahren. Alle flugunfähigen Vögel haben zwar noch Flügel, allerdings betreiben diese Vögel wenig Federpflege und es fehlt ihnen der Brustbeinkamm, an dem die kräftigen Flugmuskeln der flugfähigen Vögel ansetzen.

Einige dieser flugunfähigen Vogelarten sind:

❶ **(Afrikanischer) Strauß**: lebt in Afrika, schnellster Laufvogel: bis 75 Stundenkilometer schnell; bis 300 cm groß; bis 150 kg schwer, Eigröße bis 16 cm Länge mit 2,5 mm starker Kalkschale; Gewicht eines Eis ca. 1,5 kg; Gelege 12–15 Eier; schwache Flugmuskulatur; Flügel mit lockeren Federn ohne Hakenstrahlen; Nahrung: Blüten, Samen, Blätter, Insekten, Eidechsen usw.; Lebensraum: flache weiträumige Savannen (Grassteppen); lebt in der Savanne mit Herdentieren wie Antilopen, Zebras und Gnus; sehr gutes Gehör und scharfe Augen

Station B: Flugunfähige Vögel (2)

Name: ______________________ Klasse: ______ Datum: ________

❷ **Kiwi**: lebt in den Wäldern Neuseelands östlich von Australien, Wappentier Neuseelands, nachtaktiv, bis 65 cm lang, bis 5 kg schwer, zartes braunes Gefieder, bis 5 cm lange Flügel, kurzer Schwanz, ovale Körperform, laufen bis 30 Stundenkilometer schnell, sehr langer nach unten gebogener Schnabel, Allesfresser (vor allem Insektenlarven, Regenwürmer, Tausendfüßer), legen große Eier (bis 500 g schwer)
Hinweis: Die Kiwi-Frucht heißt eigentlich „chinesische Stachelbeere“; diese wurde in Neuseeland das erste Mal außerhalb Asiens angebaut und unter dem Markennamen „Kiwi“ 1959 erstmals weltweit verkauft

❸ **Nandu**: lebt in Südamerika, graues bis braunes, zerfleddert aussehendes Gefieder, bis 140 cm hoch (größter Vogel Amerikas), Gewicht bis 25 kg, kräftige lange Beine, bis 60 km/h schnell, recht große Flügel mit lockerem Federbestand, Lebensraum: Savannen (Grassteppen)

❹ **Emu**: lebt in fast ganz Australien; Aussehen ähnlich dem Strauß: graubraunes zottelig wirkendes Gefieder; bis 190 cm groß, bis 45 kg schwer; Nahrung: verschiedene Pflanzen und Insekten; unternehmen lange Wanderungen, um geeignete Nahrung zu finden (zum Teil bis 100 000 Vögel gemeinsam); Laufgeschwindigkeit bis 60 km/h; kräftige Beine; pro Fuß 3 Zehen; lockeres Gefieder isoliert gut gegen hohe Sonneneinstrahlung; tagaktiv; Eier: bis 900 g schwer; von den australischen Ureinwohnern (Aborigines) hoch verehrt; inoffiziell Nationalvogel von Australien; im australischen Wappen vorhanden

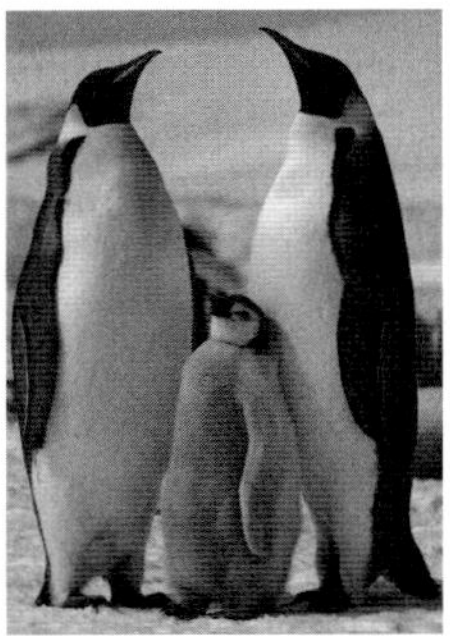

❺ **Kaiserpinguine:** leben auf dem Eis der frostigen Antarktis bei Temperaturen bis –70 °C und eiskalten Schneestürmen; dicke Fettschicht unter der Haut als Frostschutz; kleine schuppenartig übereinanderliegende Federn, die ein isolierendes Luftpolster auf der Haut umschließen; gleichwarm wie alle Vögel und Säugetiere; bis 130 cm groß; können nicht fliegen, nur langsam laufen (kurze Beine) – aber schnell und wendig schwimmen; Nahrung: Krebse und Tintenfische aus dem Meer; pro Gelege nur 1 Ei, das auf den Füßen des Männchens – überdeckt von einer wärmenden Hautfalte – ausgebrütet wird

✂- -

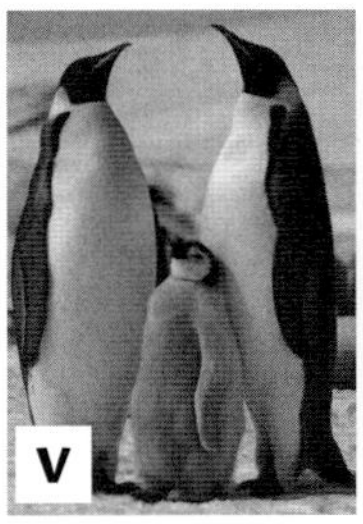

Kaiserpinguin	**L**	Emu	**G**	Strauß	**E**	Kiwi	**E**	Nandu	**O**

Station B: Flugunfähige Vögel (3) (Weltkarte)

Name: ______________________ Klasse: ______ Datum: ____________

Station C: RICHTIG oder FALSCH?

Name: ______________________ Klasse: ______ Datum: __________

Aufgabe

Lest die folgenden Aussagen genau durch. Entscheidet dann, ob die Aussagen RICHTIG oder FALSCH sind. Umkreist den Buchstaben in der entsprechenden Spalte. Wenn ihr die eingekreisten Buchstaben von **unten nach oben** lest, erhaltet ihr das Lösungswort.

Lösungswort (Adjektiv): ______________________

	RICHTIG	FALSCH
Alle Vögel haben Federn.	G	N
Alle Vögel können fliegen.	L	I
Die Schwungfedern sitzen bei Vögeln am Schwanz.	O	M
Die drei wichtigsten Federtypen bei Vögeln sind: Schwungfeder, Deckfeder, Daune.	R	N
Vögel atmen mit sehr leistungsfähigen Lungen.	E	B
Eine Vogelfeder besteht aus Fahne und Federkiel.	O	A
Die Knochen der Vögel sind mit Knochenmark gefüllt, dick und sehr schwer.	D	F
Der Vogel Strauß lebt in Afrika, der Emu in Australien und der Nandu in Südamerika; alle drei Vogelarten sind flugunfähig.	N	W
Pinguine sind Vögel, die wie Fische auf der Körperoberseite Schuppen haben.	T	E
Die „Vogeluhr" gibt an, zu welcher Tages- oder Nachtzeit bestimmte Vogelarten stimmlich zu hören sind.	I	U
Die Fahne der Schwung- und Deckfedern der Vögel wird durch eine Art Klettverschluss geschlossen gehalten.	N	P
Kalte Luft steigt auf und treibt Vögel in die Höhe; warme Luft steigt ab.	A	I
Eine brennende Feder riecht nach verbrannten Haaren, da Federn und Haare aus Eiweiß bestehen.	L	X
Daunen haben eine gute isolierende Wirkung, d. h. Daunenfedern halten den Vogelkörper auch in kalter Luft warm.	M	R
Die Flügel der Vögel sind auf das Fliegen spezialisierte Hintergliedmaßen.	V	O
Vögel bringen – wie die Säugetiere – lebende Junge zur Welt.	C	R
Der Schnabel der Vögel besteht aus Horn.	T	H
Die Wirbel von Brust bis Schwanz sind bei Vögeln miteinander verwachsen.	S	Z

Station D: Wörtersuchrätsel

Name: ______________________ Klasse: ______ Datum: __________

Aufgabe

Im folgenden Buchstabengitter sind 20 Namen von Vögeln versteckt. Suche die Vogelnamen, kreise sie ein und trage sie unten von 1 – 20 ein.

Hinweis: Du musst die Namen von oben nach unten, von unten nach oben, von links nach rechts, von rechts nach links und auch diagonal suchen.

ä = ae, ö = oe, ü = ue

S	A	M	S	E	L	D	G	H	D	A	S	E	R	N	A	W	H	C	S
A	E	R	S	L	T	E	W	Z	A	U	N	K	O	E	N	I	G	W	R
I	U	T	Z	S	O	J	H	G	F	K	Z	U	T	G	K	U	R	G	F
B	V	B	C	T	V	B	N	V	E	E	K	L	A	F	M	R	U	T	K
A	B	S	P	E	R	L	I	N	G	L	E	G	O	V	S	I	E	N	B
M	G	F	D	R	S	A	F	H	J	K	H	T	E	Z	U	I	N	U	Z
E	O	F	D	S	A	U	D	N	I	U	G	N	I	P	D	G	S	U	O
K	W	E	W	Q	E	M	T	R	E	Z	T	E	C	T	J	H	P	G	F
C	S	F	W	K	L	E	I	B	E	R	R	F	H	D	D	V	E	B	V
U	V	C	X	E	C	I	V	B	V	H	G	H	E	K	J	K	C	P	H
K	G	F	D	F	D	S	R	R	E	S	C	G	L	T	H	G	H	U	K
C	D	G	T	H	C	E	P	S	T	N	U	B	H	F	H	D	T	S	F
U	G	F	D	S	G	F	R	H	H	G	J	Z	A	T	E	T	I	P	I
K	H	S	C	H	L	E	I	E	R	E	U	L	E	H	I	O	U	I	E
D	F	G	D	D	A	E	D	H	B	N	N	M	H	B	M	E	E	W	R
A	D	G	E	B	A	C	H	S	T	E	L	Z	E	D	D	E	S	Z	T
T	T	E	R	R	T	E	W	F	F	G	S	F	R	I	U	T	Z	T	U
D	R	A	S	F	D	G	D	E	U	D	E	W	T	R	A	S	D	A	I
L	K	H	I	J	H	W	X	C	D	H	Y	D	O	R	I	Z	U	I	L
D	B	U	C	H	F	I	N	K	H	G	U	I	N	O	J	K	L	P	B

Namen der Vögel:

1 = ______________________ 11 = ______________________

2 = ______________________ 12 = ______________________

3 = ______________________ 13 = ______________________

4 = ______________________ 14 = ______________________

5 = ______________________ 15 = ______________________

6 = ______________________ 16 = ______________________

7 = ______________________ 17 = ______________________

8 = ______________________ 18 = ______________________

9 = ______________________ 19 = ______________________

10 = ______________________ 20 = ______________________

Station E: Flugpioniere (1)

Name: ______________________ Klasse: ______ Datum: __________

Der Traum vom Fliegen beschäftigt die Menschen schon viele Jahrhunderte – lange bevor es Flugzeuge gab. An dieser Station lernt ihr einige Personen kennen, die vom Fliegen träumten.

Aufgaben

1. Lest den folgenden Informationstext durch und bearbeitet anschließend das Kreuzworträtsel.

Informationstext

Das berühmte Lied von Reinhard Mey mit dem Titel „Über den Wolken muss die Freiheit wohl grenzenlos sein" beschreibt sehr anschaulich, wie sehr sich Menschen wünschen, fliegen zu können – wenigstens mit dem Drachen, dem Hubschrauber oder dem Flugzeug.

Beispielhaft seien einige Meilensteine des Fliegens genannt, an denen deutlich wird, wie dieser Wunsch das Denken der Menschen schon vor langer Zeit prägte.

❶ **Dädalus und Ikarus** sind zwei menschliche Gestalten aus der griechischen Mythologie, d.h. sie haben nie gelebt. Die alten Griechen erzählten folgende Geschichte, die bis heute überliefert ist: König Minos hielt Ikarus und Dädalus auf Kreta (Insel im Mittelmeer) gefangen, weil sie Theseus geholfen hatten, aus einem Labyrinth mithilfe eines Orientierungsfadens (Ariadnefaden) zu entkommen. Theseus hatte – nach einem Plan von Dädalus – einen langen Faden in das komplizierte Labyrinth mitgenommen und vom Beginn des Labyrinths an abgerollt, sodass er leicht den Weg heraus aus dem Labyrinth fand.

Dädalus und Ikarus von Peter Paul Rubens

Da die Gefangenen des König Minos, Ikarus und Dädalus, nicht per Schiff von der Insel Kreta fliehen konnten (der Seeweg wurde durch König Minos streng kontrolliert), erfand Dädalus für sich und seinen Sohn Ikarus Flügel: Mithilfe von Wachs befestigte er Federn an einem Gestänge, montierte dieses am Körper und schärfte seinem Sohn Ikarus ein, nicht zu hoch zu fliegen, da sonst durch die Wärme der Sonne das Wachs schmilzt, die Federn abfallen und man abstürzt. Der Flug gelang sehr gut und Ikarus wurde übermütig: Er stieg trotz der Warnung so hoch, dass die Sonne das Wachs der Flügel zum Schmelzen brachte. Die Federn am Gestell der Flügel lösten sich, Ikarus stürzte ins Meer und Dädalus verlor so sein geliebtes Kind. Bis heute hat sich die Redensart „der Sonne zu nahe kommen" erhalten für jemanden, dem es zu gut geht, der übermütig wird und dann abstürzt, d.h. sich selbst ins Unglück stürzt.

❷ **Otto Lilienthal (1848–1896)** war der erste Mensch, der erfolgreich Flüge mit Flugapparaten durchführte. Einige davon waren dem Bau der Vögel nachempfunden, andere dem von Fledermäusen. Die Flugapparate mit beweglichen Flügeln erwiesen sich jedoch als ungeeignet für den Menschen,

Station E: Flugpioniere (2)

Name: ______________________ Klasse: ______ Datum: __________

Otto Lilienthal

da seine Muskelkraft nicht ausreicht, um sich selbst in die Luft zu schwingen. Lilienthal erklärte in einem Vortrag 1873, dass *„es kaum wahrscheinlich ist, dass der Mensch auch durch den allergescheitesten flügelähnlichen Mechanismus, den er durch seine eigene Muskelkraft zu bewegen hätte, in den Stand gesetzt werden würde, sein eigenes Gewicht in die Höhe zu heben und dort zu erhalten."* Deshalb experimentierte Lilienthal nach 1873 vor allem mit ganz unterschiedlichen Segelgleitern (drachenähnlich, vogelähnlich usw.), mit denen er auf einer Anhöhe oder von Hausdächern aus startete. Das kluge Vorgehen von Otto Lilienthal *„vom Schritt zum Sprung, vom Sprung zum Flug"* erwies sich als tragfähig.

Versuchsflug bei Derwitz mit Lilienthal als Testpilot

Dieser deutsche Luftfahrtpionier, der als „erster Flieger der Menschheit" gilt, ist am 10. August 1896 bei einem Absturz mit einem seiner Flugapparate aus 15 m Höhe in der Nähe von Berlin tödlich verunglückt. Er verhalf dem Flugprinzip *„schwerer als Luft sein – und doch als Mensch fliegen können"* zum Durchbruch und war Vorbild für viele spätere Luftpioniere.

❸ Die **Brüder Orville und Wilbur Wright** waren US-amerikanische Flugpioniere und begannen um 1880 mit ihren ersten Versuchen mit Flugapparaten. Dabei nahmen sie die Erfahrungen von Otto Lilienthal als Grundlage für ihre Experimente. Ein Schwerpunkt bei den Flugapparaten stellten die Doppeldecker-Gleitapparate dar. Im Jahre 1903 erreichten die Brüder Wright bereits Flugweiten von über 600 m mit einer Verweildauer in der Luft von über 20 Sekunden – für die damalige Zeit eine wirkliche Sensation! Die Wrights experimentierten nach 1900 auch mit propellergetriebenen Flugapparaten und erreichten damit Flugstrecken von über 200 Metern. Zu Recht gelten die Wrights als Pioniere der motorgetriebenen Flugzeuge, wie wir sie heute kennen.

Orville fliegt in Kitty Hawk

Wilbur nach einem missglückten Flugversuch

Station E: Flugpioniere (3) (Kreuzworträtsel)

Name: ______________________ Klasse: ______ Datum: __________

waagerecht
1 Sohn von Dädalus
2 Name des Königs, der Dädalus gefangen hielt
3 Flugapparate, mit denen der 1848 geborene deutsche Flugpionier schwerpunktmäßig experimentierte und seine Flugversuche unternahm
4 Flugapparate, mit denen die Gebrüder Wright um das Jahr 1900 bereits Flugstrecken von über 600 m erreichten
5 Nachname des Sängers, von dem das Lied „Über den Wolken …“ stammt: Reinhard …

senkrecht
1 Insel, auf der Dädalus gefangen gehalten wurde
2 damit waren die Federn am Gestell bei Dädalus befestigt
3 „erster Flieger der Menschheit“ (deutscher Flugpionier; Nachname)
4 Die Brüder Wright aus den USA trieben ihre Fluggeräte nach 1900 schon mit … an, um möglichst weit und hoch fliegen zu können

2. Reiht dann die in den von 1 bis 8 markierten Feldern eingetragenen Buchstaben aneinander. So ergibt sich der Nachname des großen US-amerikanischen Flugpioniers, dem am 20./21. Mai 1927 die erste Alleinüberquerung des Atlantischen Ozeans von New York nach Paris (d. h. eine Strecke von über 5 800 km ohne Zwischenlandung) gelang, wodurch er zu einer der bekanntesten Personen der Fliegerei und zum Nationalhelden der USA wurde: Charles …

Lösung:

				B				
1	2	3	4		5	6	7	8

Station F: Vögel und ihre Füße

Name: ______________________ Klasse: ______ Datum: ____________

Die meisten Vögel haben einen typischen Kopf und besondere Füße, an denen man sie leicht erkennen kann. An dieser Station lernt ihr einige kennen.

Aufgaben

1. Schneidet die Füße an den gestrichelten Linien aus.
2. Ordnet die Füße den entsprechenden Vögeln zu. Klebt bitte noch nichts fest.
3. Habt ihr alle Abbildungen zugeordnet, vergleicht eure Lösung mit dem Lösungsblatt.
4. Sind alle Abbildungen richtig zugeordnet, könnt ihr sie aufkleben. Prägt sie euch gut ein.

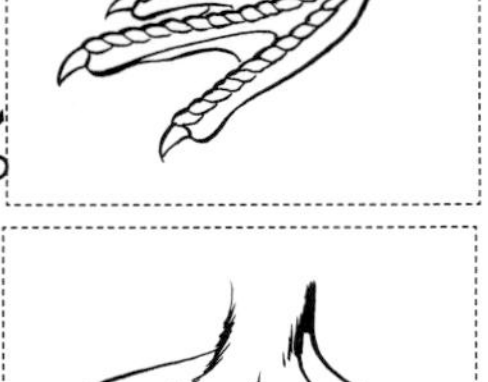

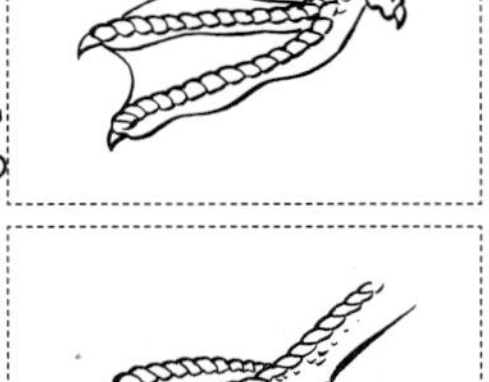

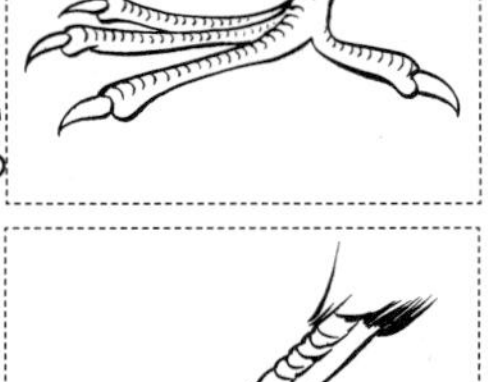

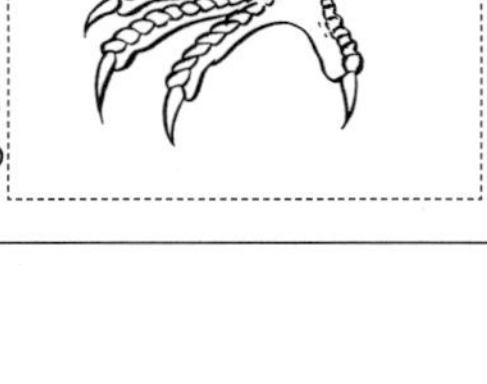

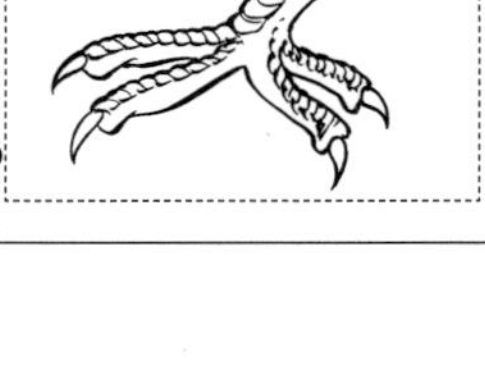

Vortest/Nachtest „Vögel"	*Lösungen*

1. a) Daunen- oder Dunenfedern — Aufgabe: Schutz vor Wärmeverlust
   b) Deckfedern — Aufgabe: erniedrigen den Luftwiderstand beim Flug
   c) Schwungfedern — Aufgabe: treiben den Vogel beim Fliegen voran

2.

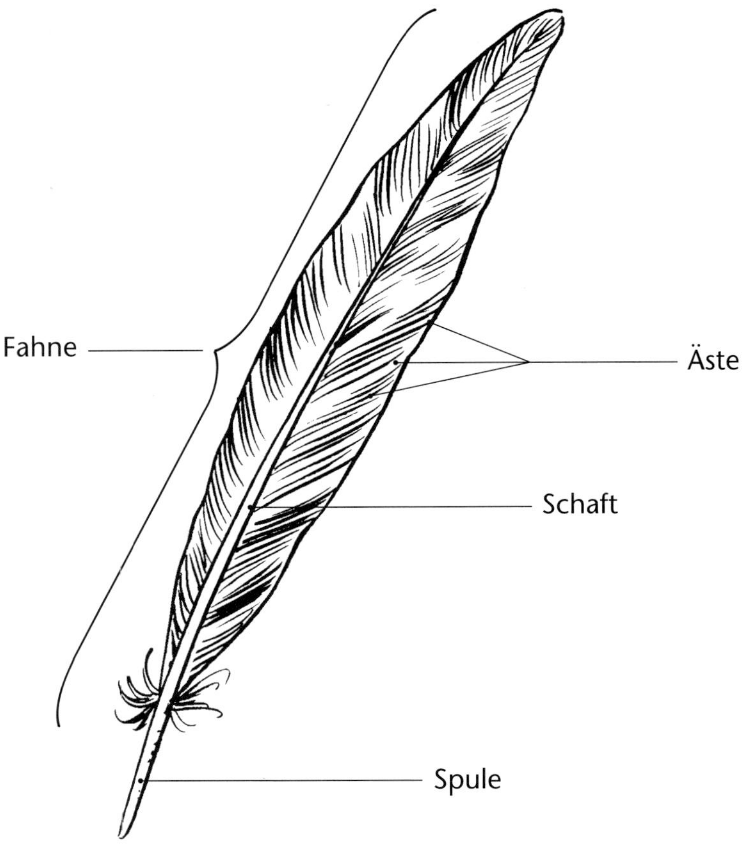

3. Die großen Röhrenknochen sind beim Menschen mit Knochenmark gefüllt, bei den Vögeln mit Luft. Dies hat den Vorteil, dass die großen Röhrenknochen bei Vögeln relativ leicht sind und somit das Fliegen erleichtern.

4.

① Hausspatz
② Amsel
③ Kohlmeise
④ Zaunkönig
⑤ Bachstelze
⑥ Waldkauz
⑦ Buntspecht
⑧ Grünfink

5. a) Strauß — Kontinent: Afrika
   b) Emu — Kontinent: Australien
   c) Nandu — Kontinent: Südamerika
   d) Kiwi — Kontinent: Australien (Neuseeland)
   e) Pinguine — Kontinent: Antarktis (Königs-, Kaiser-, Adeliepinguine); Südamerika (Humboldt-, Galapagos-, Magellanpinguine)

6.

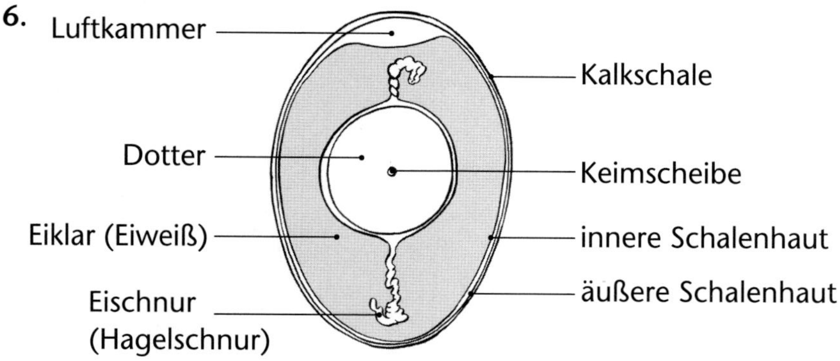

7. ◯ Das Küken schlägt mit den Flügeln und sprengt so das Ei.
   ◯ Das Küken führt im Ei Scharrbewegungen aus und kratzt das Ei durch.
   ◯ Die Kalkschale wird im Laufe der Entwicklung des Kükens so dünn, dass die Schale schließlich von alleine zerbricht.
   ⊗ Das Küken hat einen spitzen Eizahn auf dem Oberschnabel, mit dessen Hilfe es ein Loch in die Schale ritzt und schließlich das Ei aufsprengt.
   ◯ Die Henne hackt von außen die harte Kalkschale auf und lässt so das Küken am Ende der Entwicklung aus dem Ei schlüpfen.
   ◯ Durch die gestaute Wärme im Ei zerspringt die Kalkschale am Ende der Entwicklung des Kükens; dadurch gelangt das Küken aus dem Ei.

Station 1: Kennübung „Einheimische Vögel" *Lösungen*

Bandolino 1:

 Hausspatz	• so groß wie Amsel • Allesfresser • Stimme: pfeifend, plappernd • sammeln sich im Herbst zu riesigen Schwärmen • Flug: gerade, schnell • schreitender Gang am Boden • Teilzieher
♂  Amsel (Schwarzdrossel)	• klein, zierlich, sehr lebhaft • blaue Federn an Kopfoberseite • gelbliche Federn an der Unterseite • spitzer, kurzer Schnabel • Nahrung: Insekten, Samen • Ruf: „tsü-tsü-tsü-tsüt" • Flug: wellenförmig • hüpfender Gang am Boden • Jahresvogel
 Rotkehlchen	• grau-braunes Federkleid mit dunklen Federn an den Flügeln • kräftig gebaut • dicker Schnabel • Körnerfresser • hüpfender Gang am Boden • aufdringliche Stimme: „schilp" oder „schilip" • Jahresvogel
 Hausrotschwanz	• Männche: schwarzes Gefieder • kräftige Gestalt • langer Schwanz • Stimme: flötender Gesang • Alarmruf „tschink, tschink" • hüpfender Gang am Boden • frisst Insekten, Regenwürmer, Beeren • Jahresvogel
 Star	• größte Meisenart • etwas größer als Blaumeise und Haubenmeise • klein, rundlich • sehr lebhaft • turnt kopfüber in Bäumen • frisst Insekten und Samen • Rufe: „zizibä", „pink-pink" oder „tätätä" • wellenförmiger Flug • hüpfender Gang am Boden • Jahresvogel
 Blaumeise	• spatzengroß • langer, rötlicher, stets wippender Schwanz • lebhafter, sich fast immer bewegender Vogel • Stimme: helle, hastige Pfiffe „sitsitsit" mit abschließendem Knirschen • fängt seine Nahrung (Insekten) im Flug • Teilzieher
 Kohlmeise	• zierlicher Bau • kohlmeisengroß • besonderes Merkmal: rote Kehlfedern • meist am Boden • Stimme: helles, scharfes „tick, tick" • Gesang: perlend • frisst Insekten und Beeren • hüpfender Gang am Boden • Teilzieher

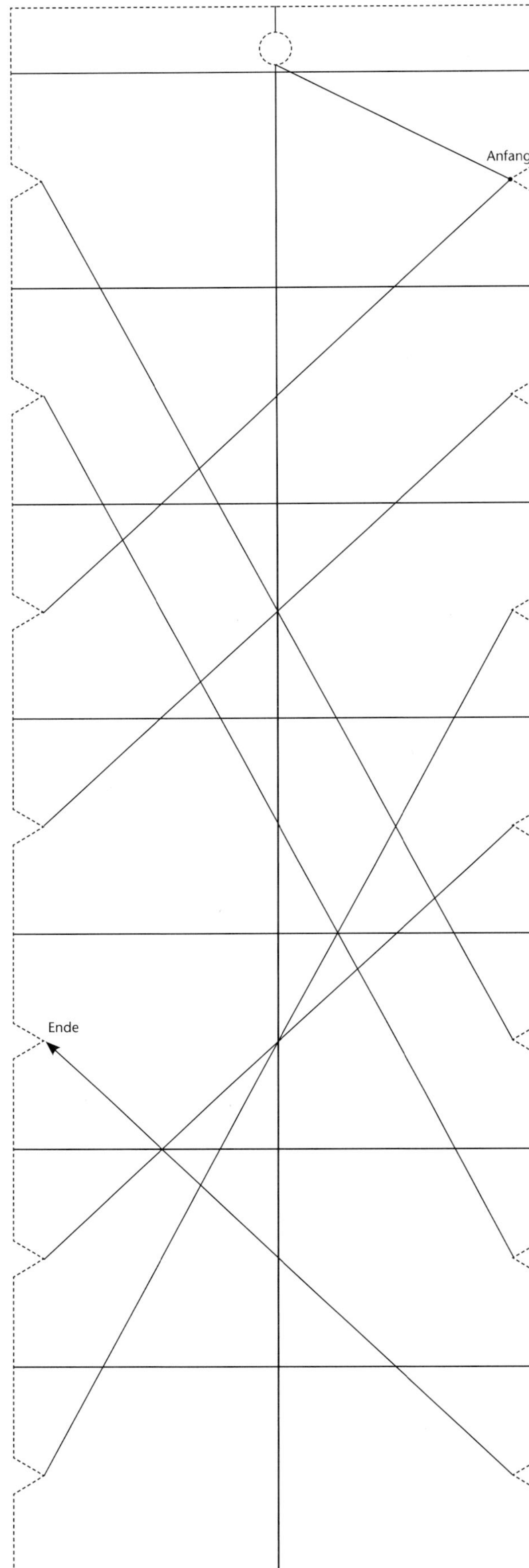

Bandolino 2:

Buchfink

- spatzengroß
- grünliche Federn
- kräftiger Schnabel
- Nahrung: vor allem Samen, seltener Insekten
- Stimme: z. T. eigenartig gequetscht
- wellenförmiger Flug
- schreitender oder hüpfender Gang am Boden
- Jahresvogel

Zaunkönig

- größer als Taube
- bräunliches Gefieder
- zwei große, nach vorne gerichtete Augen
- heller Schleier um die Augen
- nachtaktiv
- Nahrung: Mäuse, kleine Vögel, junge Hasen
- kräftige Krallen
- Hakenschnabel

Grünfink (Grünling)

- rundlich-kugeliger Körper
- viel kleiner als Spatz
- bräunliches Gefieder
- Schwanz: kurz, nach oben gestellt
- langer, spitzer Schnabel
- Nahrung: Insekten
- Rufe: „zik-zik-zik“ oder „zerr“
- Gesang: laut, pausenlos, trillernd, pfeifend
- Flug: kurz, schwirrend
- huschende Bewegungen am Boden
- Jahresvogel

Dompfaff (Gimpel)

- kräftiger Vogel
- Größe: zwischen Blaumeise und Amsel
- kurzer, dicker Schnabel
- frisst Insekten und Samen
- Stimme: schmetternd mit Schlussschnörkel
- Lockruf: „pink-pink“
- Männchen: rote Brustfedern

Bachstelze

- größer als Waldkauz
- bräunliches Gefieder
- zwei große, seitlich am Kopf sitzende Augen
- tagaktiv
- Nahrung: Mäuse, junge Hasen
- kräftige Krallen
- Hakenschnabel

Waldkauz

- schlanker Körper
- langer, waagerecht gehaltener, dunkler Schwanz
- schwarze Kehlfedern
- Unterseite: weiß-gelbliche Federn
- Insektenfresser
- lebt an Bächen und Flüssen
- wippende Bewegungen im Sitzen
- schwirrender kurzer Flug

Mäusebussard

- etwas größer als Spatz
- gedrungener, rundlicher Körper
- kräftiger, schwarzer Schnabel
- Männchen: leuchtend rote Federn an Brust und Unterseite
- Weibchen: ähnliche Farbe, aber weniger intensiv farbige Federn
- Nahrung: Samen, Knospen
- fast immer paarweise zu sehen
- flötende, weiche Stimme („dü“)
- Jahresvogel

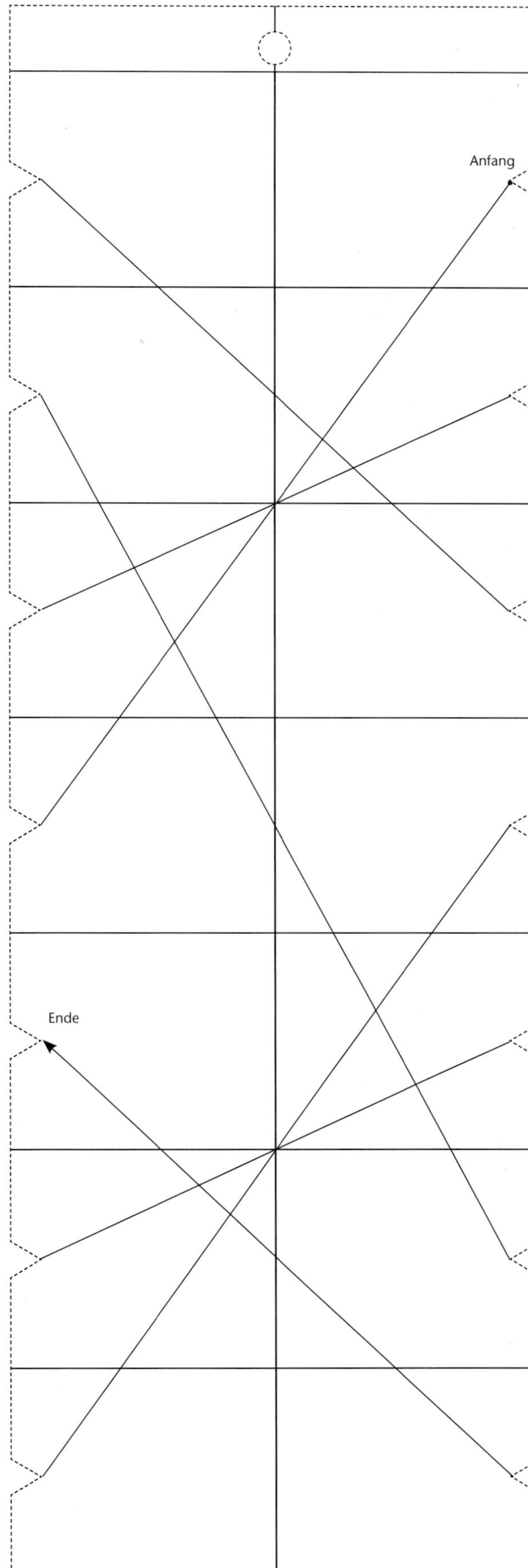

Station 2: Eine Vogeluhr basteln	*Lösungen*

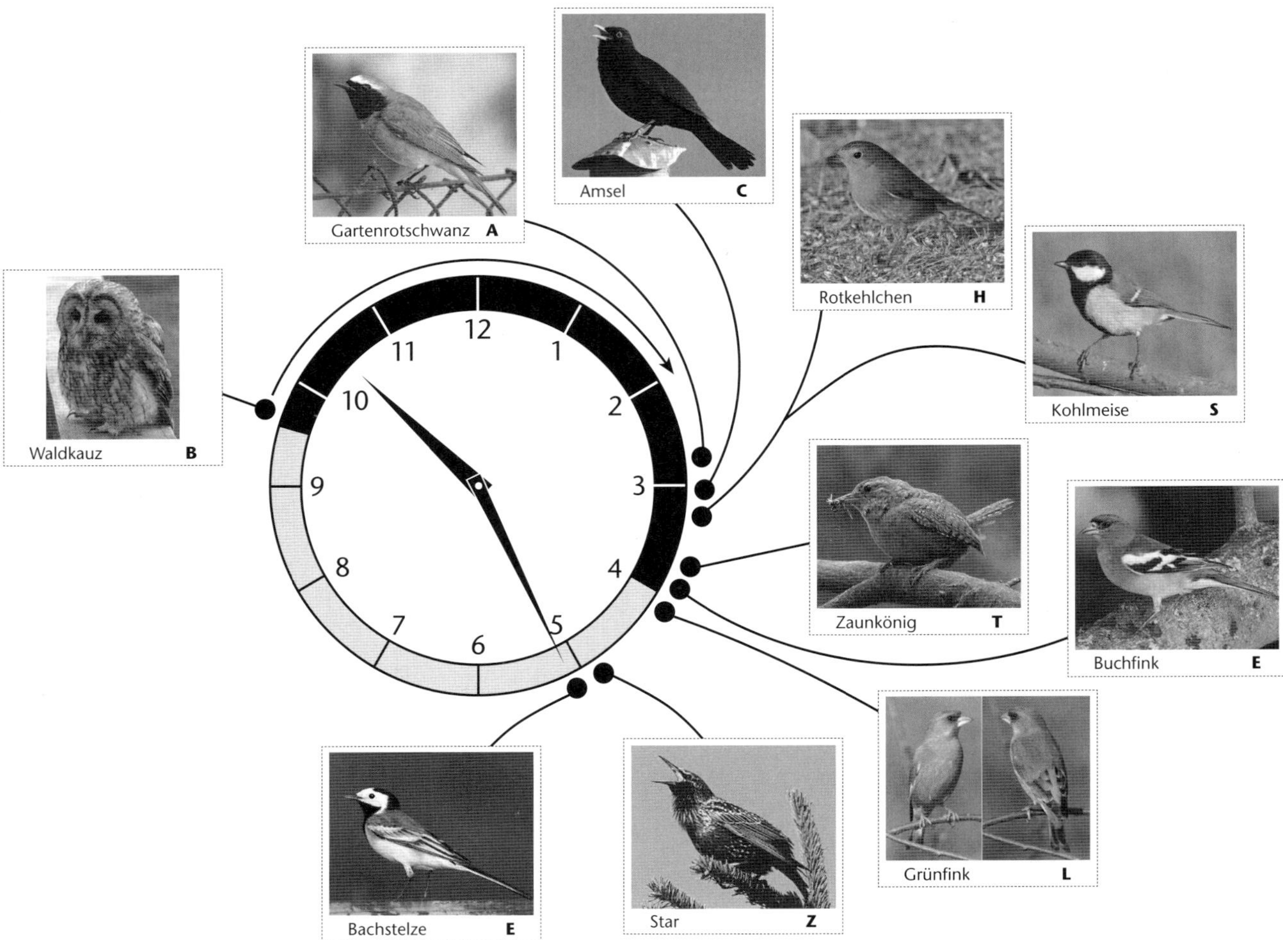

Lösungswort (wenn die Kärtchen richtig gelegt sind, d. h. die Kennbuchstaben bei den Vogelnamen im Uhrzeigersinn gelesen werden):

B A C H S T E L Z E

Station 3: Versuche mit Postkarten	*Lösungen*

Versuch 1

2. / 3.

Flugversuch wie Abb. …	Flugdauer in Sekunden	Beschreibung des Flugs der Postkarte	Analogie zum Vogelflug
1	1	Karte dreht sich im Flug und taumelt	unkontrollierter Absturzflug
2	2	Karte segelt taumelnd zu Boden	ähnlich Segelflug der Vögel
3	3	Karte segelt langsamer zu Boden als beim vorherigen Flugversuch und taumelt weniger stark	ähnlich Segelflug der Vögel
4	1	Karte fällt direkt zu Boden	direkter Sturzflug
5	3	Karte segelt langsam zu Boden	kontrollierter Segelflug

Flugversuch wie Abb. …	Flugdauer in Sekunden	Beschreibung des Flugs der Postkarte	Analogie zum Vogelflug
6	3	Karte segelt langsam zu Boden	kontrollierter Segelflug
7	4	Karte segelt kontrolliert und langsam	langsamer, kontrollierter Segelflug

Hinweis: Je nach Stärke und Trocknungsgrad des Papiers sowie Gewicht und Form der Wäscheklammern können die Werte abweichen von denen in der obigen Tabelle. Ist die Fläche der Postkarte beim Gleiten möglichst lange dem Erdboden zugewandt, so ist die Gleitzeit am längsten (d.h. Luftwiderstand am größten) und das Gleiten am ruhigsten.

Versuch 2

3.

Flugversuche	Beschreibung des Flugs der Postkarte	Vermutung zur Erklärung des Flugverhaltens
1 (Postkarte aus Hand gleiten lassen)	Karte segelt etwas hin und her, taumelt und überschlägt sich	kontrollierter Segelflugabsturz
2 (2 Büroklammern vorne)	Flug wird ruhiger	relativ kontrollierter, schneller Segelflug; fast geradlinige Flugbahn nach schräg unten
3 (2 Büroklammern hinten)	Flug unruhig; Karte dreht sich im Flug nach hinten	wenig kontrollierter Segelflug (-absturz)
4 (2 Büroklammern seitlich)	Flug unruhig; Karte dreht sich zur Seite der Büroklammern	wenig kontrollierter Segelflug (-absturz)
5 (1 Büroklammer links, die andere rechts)	Flug etwas ruhiger	etwas stabilisierter Segelflug

Auswertung: Unbeschwerte Postkarten taumeln schräg nach unten. Hinten bzw. seitlich beschwerte Postkarten taumeln und überschlagen sich. Ist die Postkarte zu kopflastig (d.h. zu viele Büroklammern vorne), stürzt sie ab. Ist die Karte weder kopflastig noch schwanzlastig, so gleitet sie am besten.

Versuch 3

4. Der Schwerpunkt der unveränderten Postkarte liegt genau in der Mitte der Postkarte am Schnittpunkt der beiden Diagonalen (s. folgende Skizze).

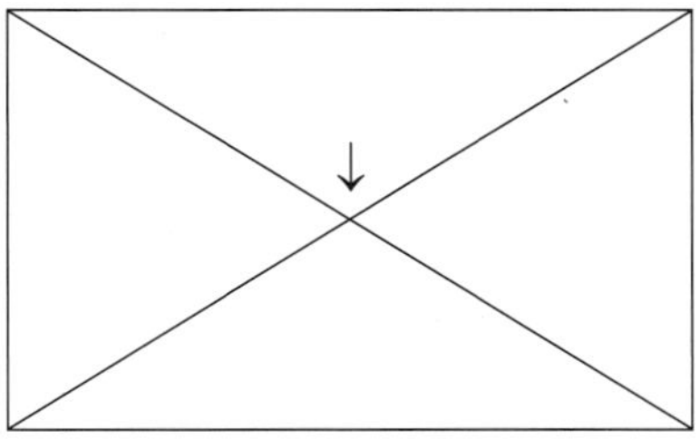

Bringt man Büroklammern an einer Postkarte an, so verändert sich der Schwerpunkt des Objekts zu den angebrachten Büroklammern hin, d.h. der Schwerpunkt rückt von der Mitte weg. Je mehr Büroklammern an einer Stelle angebracht werden, desto näher rückt der Schwerpunkt an diese beschwerte Stelle heran.

Versuch 4

1. Die Postkarte segelt taumelnd zu Boden, ähnlich einer ungeknickten Postkarte.
2. Die Postkarte segelt deutlich ruhiger zu Boden, schräg nach vorne unten, und taumelt kaum noch.
3. Die Postkarte segelt ähnlich wie bei 1. zu Boden.
4. Die vorne beschwerte, dreifach geknickte Postkarte segelt ruhiger als bei den Vorversuchen (und entspricht am ehesten dem Vogelkörper im Flug).

Hinweis: Ohne Beschwerung trudelt (taumelt) die geknickte Postkarte zu Boden, mit Beschwerung durch zwei Büroklammern wird der Flug ruhig und die Landung gelingt gut.

Flugverhalten: Durch Beschweren und Knicken der Postkarten wird der Flug ruhiger, weiter und kontrollierter.

Transfer

Durch die ausgebreiteten Vogelflügel und das Gewicht des Vogelkörpers vor dem Schwerpunkt (entspricht der dreifach geknickten, vorne beschwerten Postkarte) wird der Flug der Vögel recht ruhig und kontrolliert. Legen die Vögel die Flügel etwas an den Körper an, so kommt es zu einem schnellen Sturzflug (beispielsweise eines Falken beim schnellen Herannahen an das Beutetier aus großer Höhe).

Station 4: Versuche mit Papierfliegern *Lösungen*

Versuch 1

2. / 3. Ein unbeschwerter Papierflieger „taumelt" beim Fliegen. Wird der Flieger im vorderen Teil beschwert, so verlagert sich der Schwerpunkt in Richtung Spitze. Ein derart im vorderen Teil beschwerter Papierflieger „taumelt" beim Fliegen weniger stark, d. h. die Flugbahn wird stabiler und geradliniger.

4. / 5. Wird der Papiergleiter im hinteren Teil beschwert, so wird der Schwerpunkt in Richtung Fliegerheck verschoben. Ein derart beschwerter Flieger taumelt recht stark. Wird die Belastung hinten zu groß, kann der Papiergleiter in Richtung Heck „abstürzen".
Die Flugeigenschaften des Papiergleiters sind dann am besten, wenn die Flugzeugspitze etwas beschwert ist.

Versuch 2

Ein Papiergleiter hat dann die besten Flugeigenschaften, wenn er im vorderen Teil – möglichst nah an der Spitze – etwas beschwert ist (z. B. durch mehrere Papierfaltungen nahe des Bugs oder eine leichte Beschwerung, etwa durch eine Büroklammer), d. h. der Schwerpunkt im vorderen Teil des Gleiters liegt.

Transfer

Die Flugeigenschaften bei Vögeln sind dann am besten, wenn der Schwerpunkt im vorderen Teil des Vogels liegt (und die Formen von Vogelkörper und Flügeln stromlinienförmig sind).

Versuch 1

Beobachtungen: Das von der Waage angezeigte Gewicht des Vogelbalgs (bzw. Balsaholzgleiters) nimmt durch den Wind ab – so zumindest zeigt es die Waage an.

Erklärung: Durch den Gegenwind kommt es zu einem Auftrieb des Vogelkörpers, d. h. der Vogelkörper wird vom Wind nach oben getragen.

Versuch 2

Beobachtungen: Durch Pusten über die obere Blattfläche wird das Blatt nach oben getragen. Mit dem starken Wind eines Elektroföns gelingt dies noch besser als durch Pusten.

Erklärung: Durch das Pusten über das Blatt kommt es zu einem Auftrieb.

Übertragung auf den Vogelflug: Durch die Luft, die über die Vogelflügel streicht, kommt es zu einem Auftrieb: Unter dem Flügel entsteht ein „Druck", über dem Flügel ein „Sog", d. h. der Vogelkörper wird durch den Wind in die Höhe „getragen".

Versuch 3

Beobachtungen:
1. Die Daunenfeder fällt ins Rohr (aus Glas oder Kunststoff).
2. Die Daunenfeder fällt nicht mehr ins Glasrohr, sondern wird nach oben getrieben.

Erklärung: Warme Luft (hervorgerufen durch die brennende Kerze) steigt bei 2. im Glasrohr auf und treibt die Daunenfeder nach oben.

Übertragung auf den Vogelflug: Wenn warme Luft vom Boden aufsteigt, werden die Vögel mit ihren ausgebreiteten Flügeln (ganz ähnlich wie ein Drachenflieger) nach oben getragen; diese „Aufwinde" nutzen viele Vögel aus, um sich mit möglichst wenig Kraftaufwand nach oben zu „schrauben".

Versuch 4

Beobachtungen: Die Daunenfeder entzündet sich und brennt etwas; die verbrannte Stelle wird schwarz und es riecht nach verbrannten Haaren.

Erklärung: Der Geruch der verbrannten Daunenfeder nach verbranntem Horn/verbrannten Haaren lässt sich wie folgt erklären: Wie Horn und Haare, bestehen auch Vogelfedern aus Eiweiß, das beim Verbrennen ganz typisch „nach verbrannten Haaren" riecht.

Station 6: Versuche zu Typen von Vogelfedern *Lösungen*

	Schwungfeder	Deckfeder	Daune
Form	lang, sehr kräftig, spitz zulaufend, nicht symmetrisch; an den Flügeln vorne 	kräftig, Federspitze abgeflacht, fast symmetrisch; bedecken den ganzen Körper 	flockig, wenig kompakt; isolieren die Haut vor Wärmeverlusten 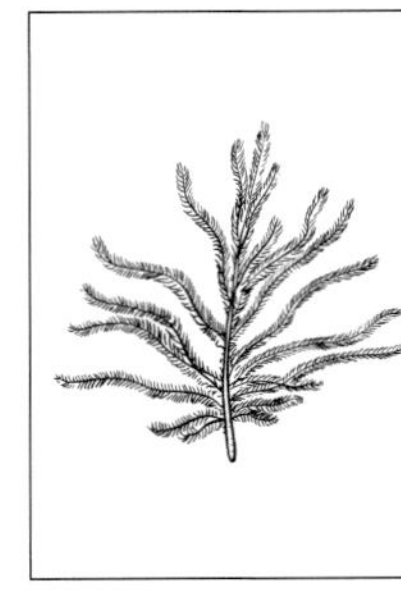
Luftdurchlässigkeit (siehe Versuch 1)	wenig luftdurchlässig, d. h. die Schwungfedern an den Flügeln treiben den Vogel gut voran	wenig luftdurchlässig, d. h. die Deckfedern helfen dem Vogel beim Gleiten	gut luftdurchlässig, d. h. sie haben große Lufträume und schützen den Vogel vor großen Wärmeverlusten
Eigenschaften gegenüber Wasser (siehe Versuch 2)	Wasser perlt gut ab, weil die Federn eingefettet sind	Wasser perlt gut ab, weil die Federn eingefettet sind; schützen das Vogelunterkleid und die Vogelhaut vor Nässe	Wasser perlt etwas ab, weil die Federn eingefettet sind; Wassertropfen bleiben in den Daunenfedern hängen
wärmeisolierende Wirkung (Kälteschutz) (siehe Versuch 4)	geringe isolierende Wirkung	geringe isolierende Wirkung	hohe wärmeisolierende Wirkung
Bedeutung für den Menschen	Herstellen von echten „Federbällen" mit sehr guten Flugeigenschaften sowie Federkielen zum Schreiben	Herstellen von echten „Federbällen" mit sehr guten Flugeigenschaften sowie „Indianerschmuck"	Füllung von Bettdecken, Kissen, Daunenjacken, Daunenschlafsäcken usw. (weich, gute Isolationswirkung)
Sonstiges (siehe Versuch 3)	Federn sind leicht und schwimmen gut, d. h. erleichtern den Vögeln das Fliegen durch ihr geringes Gewicht	Federn sind leicht und schwimmen gut, d. h. erleichtern den Vögeln das Fliegen durch ihr geringes Gewicht	Federn sind leicht und schwimmen gut, d. h. erleichtern den Vögeln das Fliegen durch ihr geringes Gewicht

Station 7: Aufbau einer Vogelfeder *Lösungen*

1. a), b)

Schwungfeder **Deckfeder** **Daune**

c)

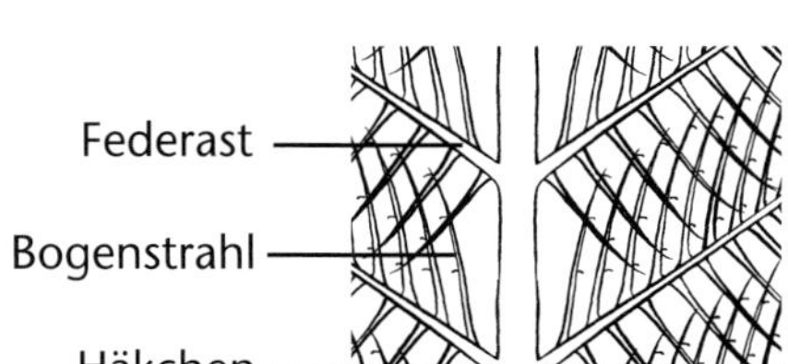

2. a) Die Finger gleiten über die Feder, die Federfläche (Fahne) bleibt erhalten und ist geschlossen.
   b) Die Federfläche (Fahne) reißt zwischen den einzelnen Ästen auf (und schließt sich wieder, wenn man mit den Fingern von der Spule zur Federspitze fährt).
   c) Von einem Federast gehen auf der einen Seite Bogenstrahlen ab, auf der anderen Seite Hakenstrahlen mit kleinen Häkchen; die Häkchen eines Federastes verhaken sich im Bogenstrahl eines benachbarten Federastes, sodass die Fahne eine praktisch geschlossene Fläche ist.
   d) Die Fahne ist praktisch eine geschlossene Fläche, die durch Bogen- und Hakenstrahlen stabilisiert wird; dies ist für das Fliegen der Vögel sehr wichtig. Zieht ein Vogel beispielsweise eine Schwungfeder durch den Schnabel, so werden Bogen- und Hakenstrahlen ineinander verhakt; zusätzlich wird die Feder eingefettet.

Station 8: Warum können Vögel fliegen? *Lösungen*

Angepasstheit der Vögel an das Fliegen

- **Federn**
  - flächige Deckfedern
  - sehr leicht, wasserabweisend (weil eingefettet)
  - wärmende Daunen
  - starke Schwungfedern
- **starke Flugmuskulatur**
- **Knochen:** leicht, große Knochen enthalten viel Luft
- **Brustbein:** sehr groß, hier setzen Flugmuskeln an
- **Entwicklung der Jungen:** außerhalb des Körpers
- **Lungen:** sehr leistungsfähig
- **Luftsäcke:** unterstützen Atmung
- **Vogelkörperform:** stromlinienförmig, d. h. geringer Luftwiderstand beim Fliegen
- **Vordergliedmaßen:** zu Flügeln umgestaltet
- **Wirbelsäule:** Wirbel von Brust bis Schwanz starr verwachsen
- **Schnabel:** aus leichtem Horn (keine schweren Zähne)
- **Nahrung:** schnell verdaut, Reste schnell ausgeschieden
- **festes Knochengerüst:** Rippen mit Brustbein

Station 9: Innerer Bau eines Vogels *Lösungen*

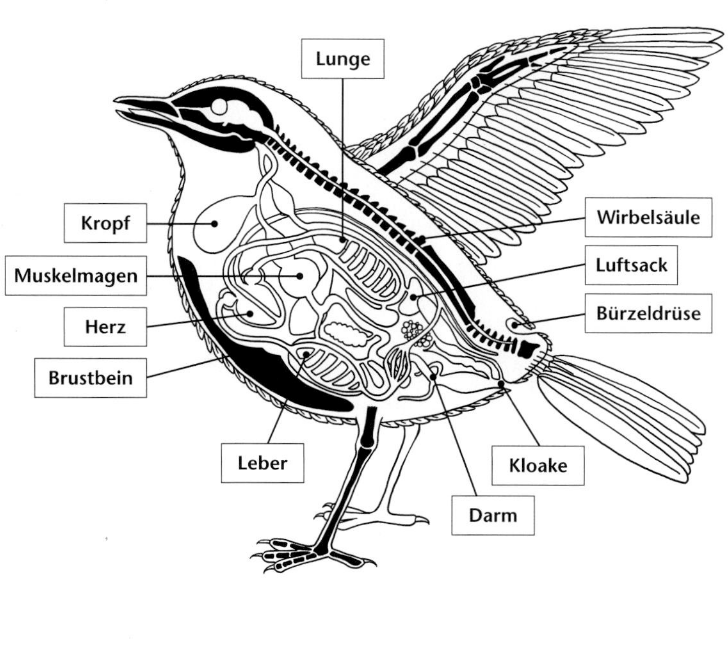

Station 10: Aufbau eines Hühnereis — *Lösungen*

1.

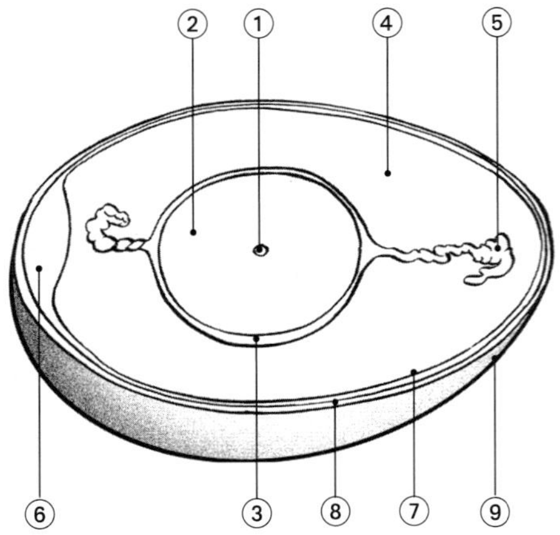

(1) Keimscheibe
(9) Kalkschale
(8) äußere Schalenhaut
(7) innere Schalenhaut
(2) Eidotter
(3) Dotterhaut
(4) Eiklar (Eiweiß)
(5) Eischnur (Hagelschnur)
(6) Luftkammer

Station 11: Vom Ei zum Küken — *Lösungen*

Lösungswort: E I K L A R

Station A: Allerlei Wissenswertes über Vögel — *Lösungen*

1.

Wirbelsäule	Lungenatmung	geschlossener Blutkreislauf
Federkleid	Entwicklung des Kükens im Ei	~~bringen lebende Junge zur Welt~~
gleichwarm	stromlinienförmiger Körper	Hornschnabel (keine Zähne)
~~wechselwarm~~	~~haben lange Schwanzwirbelsäule~~	~~Schuppen unter dem Federkleid~~
~~Kiemenatmung~~	sehr leistungsfähige Lunge	

2.

Brieftaube	Eisvogel	Falke im Sturzflug	Habicht	Schwalbe	Storch
80 km/h	60 km/h	200 km/h	40 km/h	70 km/h	50 km/h

3.

Vogelarten	Bedrohungsursachen	Hilfen für die Vögel
Weißstorch	zu wenig Feuchtgebiete vorhanden, d. h. zu wenig Nahrung (Frösche, Fische usw.)	*trockengelegte Feuchtgebiete wieder anlegen*
Rebhuhn	Hecken, Büsche und Feldraine, die nicht gemäht werden und feine Kräuter und Insekten enthalten (Nahrung), fehlen	*Hecken und Gebüsche auf den Feldern anlegen*
Steinkauz	alte Bäume mit kleinen Nisthöhlen im Stamm sowie Feuchtgebiete mit Fröschen als Nahrung fehlen	*künstliche Nisthöhlen anbieten als Ersatz für fehlende Baumstamm-Nisthöhlen*
Eisvogel	ruhige, klare, fischreiche Gewässer mit Steineufern zum Brüten fehlen	*naturnahe, fischreiche Bäche und Flüsse mit ruhigen Gewässerzonen (zum Fischen) sowie mit Steilufern (zum Höhlenbau) einrichten*

Station B: Flugunfähige Vögel *Lösungen*

Lösungswörter: L A U F V O E G E L

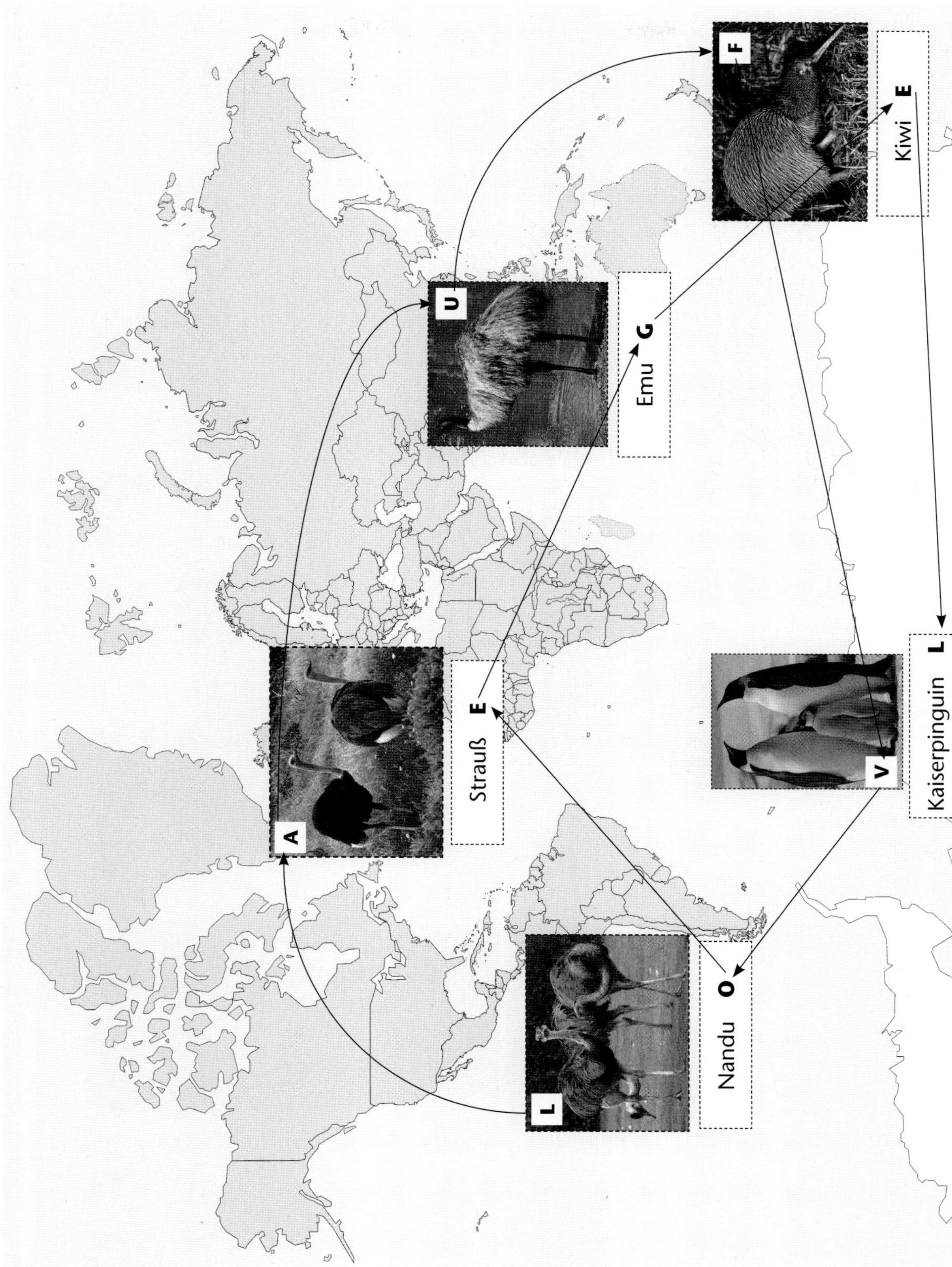

Station C: RICHTIG oder *FALSCH?* *Lösungen*

Lösungswort (Adjektiv): S T R O M L I N I E N F O E R M I G

S	A	M	S	E	L	D	G	H	D	A	S	E	R	N	A	W	H	C	S
A	E	R	S	L	T	E	W	Z	A	U	N	K	O	E	N	I	G	W	R
I	U	T	Z	S	O	J	H	G	F	K	Z	U	T	G	K	U	R	G	F
B	V	B	C	T	V	B	N	V	E	E	K	L	A	F	M	R	U	T	K
A	B	S	P	E	R	L	I	N	G	L	E	G	O	V	S	I	E	N	B
M	G	F	D	R	S	A	F	H	J	K	H	T	E	Z	U	I	N	U	Z
E	O	F	D	S	A	U	D	N	I	U	G	N	I	P	D	G	S	U	O
K	W	E	W	Q	E	M	T	R	E	Z	T	E	C	T	J	H	P	G	F
C	S	F	W	K	L	E	I	B	E	R	R	F	H	D	D	V	E	B	V
U	V	C	X	E	C	I	V	B	V	H	G	H	E	K	J	K	C	P	H
K	G	F	D	F	D	S	R	R	E	S	C	G	L	T	H	G	H	U	K
C	D	G	T	H	C	E	P	S	T	N	U	B	H	F	H	D	T	S	F
U	G	F	D	S	G	F	R	H	H	G	J	Z	A	T	E	T	I	P	I
K	H	S	C	H	L	E	I	E	R	E	U	L	E	H	I	O	U	I	E
D	F	G	D	D	A	E	D	H	B	N	N	M	H	B	M	E	E	W	R
A	D	G	E	B	A	C	H	S	T	E	L	Z	E	D	D	E	S	Z	T
T	T	E	R	R	T	E	W	F	F	G	S	F	R	I	U	T	Z	T	U
D	R	A	S	F	D	G	D	E	U	D	E	W	T	R	A	S	D	A	I
L	K	H	I	J	H	W	X	C	D	H	Y	D	O	R	I	Z	U	I	L
D	B	U	C	H	F	I	N	K	H	G	U	I	N	O	J	K	L	P	B

Namen der Vögel:

1 = AMSEL
2 = ELSTER
3 = SPERLING
4 = BLAUMEISE
5 = ZAUNKOENIG
6 = GRUENSPECHT
7 = KLEIBER
8 = BUNTSPECHT
9 = SCHWAN
10 = TURMFALKE
11 = MOEWE
12 = KUCKUCK
13 = EISVOGEL
14 = SCHLEIEREULE
15 = EICHELHAEHER
16 = UHU
17 = STAR
18 = BUCHFINK
19 = BACHSTELZE
20 = PINGUIN

Station E: Flugpioniere (Kreuzworträtsel) — *Lösungen*

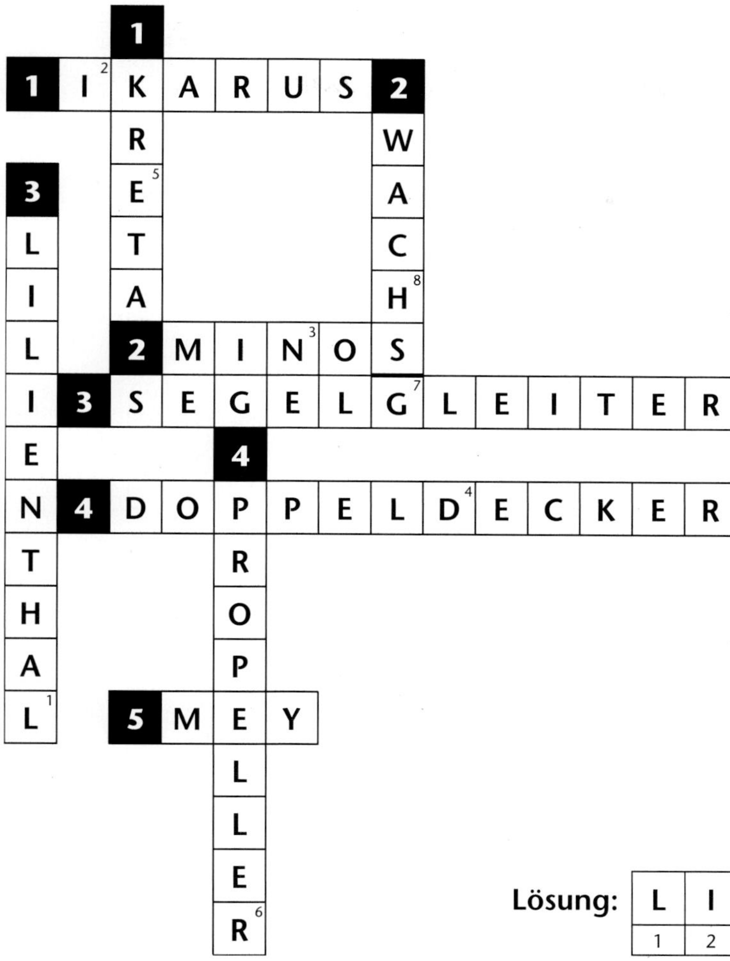

Lösung:

L	I	N	D	B	E	R	G	H
1	2	3	4		5	6	7	8

Station F: Vögel und ihre Füße — *Lösungen*

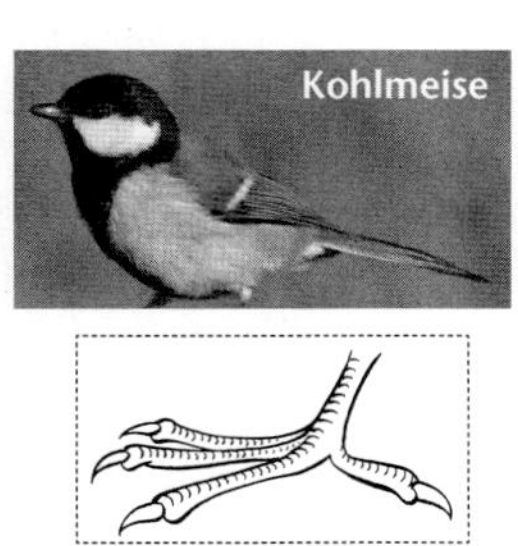

Quellenverzeichnis

Hausspatz:
http://upload.wikimedia.org/wikipedia/commons/d/d9/House_sparrowII.jpg (Fir002/Flagstaffotos) (http://en.wikipedia.org/wiki/GNU_Free_Documentation_License) [Stand 12.02.2014]

Amsel:
http://upload.wikimedia.org/wikipedia/commons/b/ba/Solsort.jpg (Malene Thyssen) [Stand 12.02.2014]

Waldkauz:
http://upload.wikimedia.org/wikipedia/commons/4/4e/Tawny_wiki.jpg (K.-M. Hansche) [Stand 12.02.2014]

Kohlmeise:
http://upload.wikimedia.org/wikipedia/commons/f/fb/Great-Tit.jpg (Andreas Trepte) [Stand 12.02.2014]

Zaunkönig:
http://upload.wikimedia.org/wikipedia/commons/8/83/Zaunkoenig-photo.jpg (Robert Lorch) [Stand 12.02.2014]

Bachstelze:
http://upload.wikimedia.org/wikipedia/commons/5/55/White-Wagtail.jpg (Andreas Trepte) [Stand 12.02.2014]

Buntspecht:
http://upload.wikimedia.org/wikipedia/commons/7/79/DendrocoposMajor.jpg (Slawomir Staszczuk) [Stand 12.02.2014]

Grünfink:
http://upload.wikimedia.org/wikipedia/commons/3/35/Greenfinch.jpg (Andreas Trepte) [Stand 12.02.2014]

Blaumeise:
http://upload.wikimedia.org/wikipedia/commons/2/29/ParusCaeruleus.jpg (Maximilian Dorsch) [Stand 12.02.2014]

Star:
http://upload.wikimedia.org/wikipedia/commons/9/98/STURNUS_VULGARIS.JPG (Michael Graf) [Stand 12.02.2014]

Rotkehlchen:
http://upload.wikimedia.org/wikipedia/commons/a/ae/European_Robin.jpg (Andreas Trepte) [Stand 12.02.2014]

Gartenrotschwanz:
http://upload.wikimedia.org/wikipedia/commons/b/b5/Phoenicurus_phoenicurus_male%28ThKraft%29.jpg (Thomas Kraft) [Stand 12.02.2014]

Buchfink:
http://upload.wikimedia.org/wikipedia/commons/a/ab/Chaffinch_%28Fringilla_coelebs%29.jpg (Andreas Trepte) [Stand 12.02.2014]

Ei Querschnitt:
http://upload.wikimedia.org/wikipedia/commons/thumb/b/bd/Anatomy_of_an_egg_unlabeled.svg/1000px-Anatomy_of_an_egg_unlabeled.svg.png?uselang=de (Horst Frank) [Stand 12.02.2014]

Hühnerei:
http://de.wikipedia.org/w/index.php?title=Datei:White_chicken_egg_square.jpg&filetimestamp=20070330203143 (Ren West) [Stand 12.02.2014]

Afrikanischer Strauß:
http://upload.wikimedia.org/wikipedia/commons/7/71/Ostriches_cape_point.jpg [Stand 12.02.2014]

Kiwi:
Verlagsarchiv

Nandu:
http://upload.wikimedia.org/wikipedia/commons/3/3a/Rhea_americana_-_Three_adult_birds.jpg (Nino Barbieri) [Stand 12.02.2014]

Emu:
http://upload.wikimedia.org/wikipedia/commons/c/c4/Emoe.jpg (J. Folmer) [Stand 12.02.2014]

Kaiserpinguine:
http://upload.wikimedia.org/wikipedia/commons/a/a3/Aptenodytes_forsteri_-Snow_Hill_Island%2C_Antarctica_-adults_and_juvenile-8.jpg (Jan Duffy) [Stand 12.02.2014]

Weltkarte:
© Dan Race, Fotolia.com

Dädalus und Ikarus:
http://upload.wikimedia.org/wikipedia/commons/c/cf/Rubens%2C_Peter_Paul_-_The_Fall_of_Icarus.jpg?uselang=de [Stand 12.02.2014]

Lilienthal:
http://upload.wikimedia.org/wikipedia/commons/8/81/Otto-lilienthal.jpg [Stand 12.02.2014]

Versuchsflug Lilienthal:
http://de.wikipedia.org/w/index.php?title=Datei:MuehlenbergDerwitz.jpg&filetimestamp=20070107111715 [Stand 12.02.2014]

Gebrüder Wright 1:
http://upload.wikimedia.org/wikipedia/commons/9/95/Wrightflyer.jpg [Stand 12.02.2014]

Gebrüder Wright 2:
http://upload.wikimedia.org/wikipedia/commons/6/6f/Kitty_hawk_gross.jpg [Stand 12.02.2014]

Mäusebussard:
http://upload.wikimedia.org/wikipedia/commons/1/1d/Buteo_buteo_5_%28Marek_Szczepanek%29.jpg (Marek Szczepanek) [Stand 12.02.2014]

Stockente:
http://upload.wikimedia.org/wikipedia/commons/9/9c/Mallard_male_female.jpg (Andreas Trepte) [Stand 12.02.2014]

Schleiereule:
http://upload.wikimedia.org/wikipedia/commons/3/3e/Tyto_alba_close_up.jpg (Stevie B) [Stand 12.02.2014]

Fasan:
http://upload.wikimedia.org/wikipedia/commons/1/1f/Common_Pheasant_Phasianus_Colchicus_flipped.jpg (David Croad) [Stand 12.02.2014]

Hausrotschwanz:
http://upload.wikimedia.org/wikipedia/commons/2/2e/PhoenicurusOchrurosGuntherHasler01.jpg (Gunther Hasler, Augsburg) [Stand 12.02.2014]

Dompfaff:
http://upload.wikimedia.org/wikipedia/commons/4/40/Dompap.jpg (Malene Thyssen) [Stand 12.02.2014]